PIERRE AUDI

(HOE) OPERA WERKT

UITEENLOPENDE WEGEN
VAN MUZIEKTHEATER

**MYTHOLOGIE
RITUELEN EN OPERA**

VERONTRUSTENDE CONFRONTATIE

TRANSFORMATIES

1 Mariavespers (2016/17)

4 Tristan und Isolde (2017/18)

2 Erwartung (1994/95)

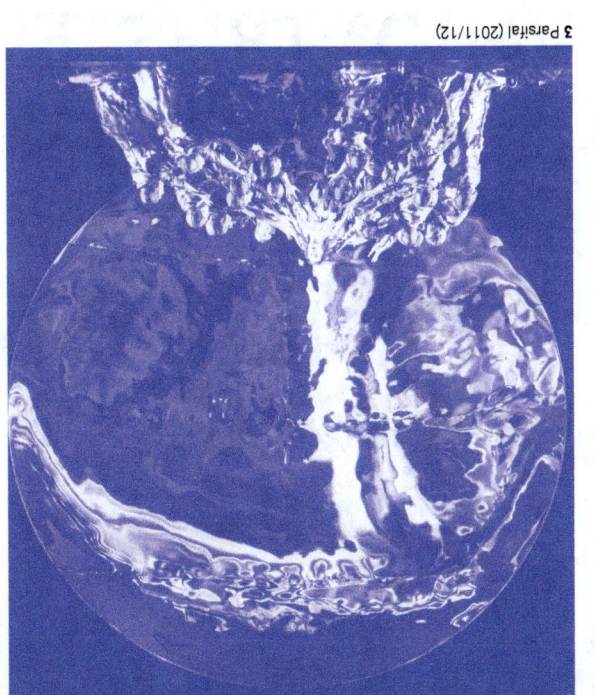

3 Parsifal (2011/12)

VOORWOORD 8
ELS VAN DER PLAS
EN KATI RÖTTGER

DROMEN MET PIERRE 10
REINBERT DE LEEUW

UITEENLOPENDE WEGEN 14
VAN MUZIEKTHEATER
PIERRE AUDI

VERONTRUSTENDE 30
CONFRONTATIE
PIERRE AUDI

TRANSFORMATIES 40
PIERRE AUDI

MYTHOLOGIE, RITUELEN EN OPERA [50]
PIERRE AUDI

PROBLEEM = OPLOSSING [68]
PETER SELLARS

ESTHETIEK VAN AFWEZIGHEID [78]
HEINER GOEBBELS

BIOGRAFIEËN [234]
PRODUCTIES [242]
COLOFON [266]

VOORWOORD

'Een diepgaande benadering van opera brengt een goudmijn aan het licht; opera heeft de energie van de toekomst. En terwijl de speurtocht naar goud altijd doorgaat, moeten ook de 'mijnen' die in het operaproces verborgen zitten, worden opgespoord en onschadelijk gemaakt. Er moeten risico's genomen worden; zonder risico's is een opwindend beleid niet denkbaar.' Met deze even spannende als veelzeggende metaforen opende Pierre Audi in 1988 zijn eerste beleidsplan als artistiek directeur van De Nationale Opera. Inmiddels zijn we dertig jaar verder en is het tijd om stil te staan bij de goudmijn die Pierre Audi voor ons ontsloten heeft. Dat doen we met deze publicatie, die de neerslag bevat van Pierre Audi's ideeën over muziektheater, opera en kunst in het algemeen. Zo kunnen we volgen hoezeer zijn visie de afgelopen decennia zich heeft ontwikkeld en zien dat opera inderdaad de energie van de toekomst heeft.

Het was een langgekoesterde wens van Pierre Audi om de ervaring en expertise die hij had opgedaan als regisseur en artistiek leider van De Nationale Opera te delen met een jongere generatie makers en de ontdekkingen die hij deed tijdens zijn 'speurtocht naar het goud' aan hen over te dragen. Een van de meest urgente vragen die bij deze nimmer eindigende speurtocht steeds opnieuw gesteld moet worden, is: hoe kunst een plek kan zijn voor waarachtige esthetische ervaringen, belevenissen die ons denken, voelen en waarnemen verruimen en verdiepen.

Deze wens ging in vervulling toen Pierre Audi in 2013 ter gelegenheid van zijn 25-jarig jubileum als directeur van De Nationale Opera werd benoemd tot Honorary Fellow van de Universiteit van Amsterdam. En nu, vijf jaar later, is met zijn afscheid van De Nationale Opera hét moment aangebroken om de lezingen die tussen 2013 en 2018 in de context van dit Fellowship werden gegeven, in boekvorm te publiceren. In vier lezingen zet Pierre Audi zijn gedachten uiteen over de ontwikkeling van opera en muziektheater waarin hij zelf zo'n baanbrekende rol heeft gespeeld. Ook blikt hij terug op de ontwikkeling die hij persoonlijk heeft doorgemaakt sinds hij als veertienjarige na zijn allereerste *Tristan und Isolde* besefte dat hij zijn bestemming had gevonden. Twee andere lezingen zijn van theatermakers Heiner Goebbels en Peter Sellars, die in het kader van zijn Fellowship door Pierre Audi persoonlijk als gastsprekers werden uitgenodigd. Reinbert de Leeuw ten slotte, een van de zeer weinigen die Pierre Audi al kende voor diens benoeming bij De Nationale Opera, geeft een impressie van de memorabele samenwerking die er destijds al snel tussen hen is opgebloeid.

Als artistiek leider én als regisseur heeft Pierre Audi tal van avontuurlijke keuzes gemaakt. Een daarvan is dat hij van meet af aan de samenwerking heeft gezocht met beeldend kunstenaars. Om dit te illustreren bestaat het midden van dit boek uit een speciaal ontworpen kunstwerk.

(Hoe) Opera werkt laat zien hoe levend, relevant en urgent opera en muziektheater zijn en wat een uitdaging het is om de speurtocht én de dromen van Pierre Audi in de toekomst voort te zetten.

We zijn trots op dit boek als vrucht van de samenwerking van het Instituut voor Theaterwetenschap van de Universiteit van Amsterdam en Nationale Opera & Ballet.

Tot slot willen we alle auteurs en ook iedereen die vanuit de coulissen heeft geholpen deze unieke publicatie mogelijk te maken, van harte bedanken.

Els van der Plas
Algemeen Directeur
Nationale Opera & Ballet

Prof.dr. Kati Röttger
Hoofd Theaterwetenschap,
Universiteit van Amsterdam

REINBERT DE LEEUW

5 Rêves d'un Marco Polo (2003/04)

DROMEN MET PIERRE

Toen in 1988 bekend werd dat een jongeman genaamd Pierre Audi de artistieke leiding van De Nationale Opera zou overnemen, was dat een grote verrassing, want in de Nederlandse muziekwereld kende nauwelijks iemand deze naam. Ik wel! Met het AskolSchönberg was ik al eens door Pierre uitgenodigd om tijdens het internationale festival voor moderne muziek in het Almeida Theatre op te treden. Daar in Londen was iets aan het gisten, en Audi had van dit kleine theater al snel een broedplaats van de internationale avant-garde gemaakt. Niemand kon toen nog vermoeden dat hij ook in de 'grote' wereld van de opera zijn naam zou vestigen. Toch had Pierre in het Almeida zijn ideeën over muziektheater al stevig verankerd, en dat alles zonder dat wij daar in Nederland ook maar iets van af wisten.

Achteraf gezien was het een ongelooflijk goede beslissing om juist deze jongeman op zo'n invloedrijke post te benoemen, niet in de laatste plaats omdat hij met Truze Lodder een zakelijk leider aan zijn zijde trof die de financiële grenzen weliswaar scherp in de gaten hield maar hem op artistiek gebied de vrije hand gaf.

Toch bleven er die eerste tijd nog geregeld twijfels rijzen. Toen Audi besloot zelf de regie van Monteverdi's *Il ritorno d'Ulisse in patria* op zich te nemen, vroeg men zich bijvoorbeeld af of dit wel een verstandige beslissing was – en jawel, dat was het! Na die eerste productie volgden Pierre's Monteverdi-regies elkaar in rap tempo op en het geheel groeide uit tot een Monteverdi-cyclus die vanwege zijn baanbrekende karakter wereldfaam verwierf en ook de componist een nieuwe plaats op de internationale podia bezorgde. En zo ging het daarna met vrijwel alle werken en componisten waarvoor Pierre zich sterk maakte. Bij veel van zijn beslissingen liet hij zich in eerste instantie waarschijnlijk vooral door zijn sterk ontwikkelde theaterinstinct leiden. Gezegend als hij bovendien is met een feilloze muzikale intuïtie wist hij in veel werken juist ook de zeggingskracht van de muziek naar voren te halen. Dat geldt in het bijzonder voor zijn productie van *Rêves d'un Marco Polo* in de Gashouder van de Westergasfabriek in Amsterdam. De enige 'echte' opera van Claude Vivier, *Kopernikus*, had hij al veel eerder in het Almeida Theatre op de planken gebracht, maar nu wilde hij deze, geheel in de geest van de componist, uitbreiden tot een 'opera fleuve', door naast *Kopernikus* ook andere werken van de componist scenisch te laten uitvoeren. Zodoende slaagde hij erin om op één avond twee werelden tot een spannend geheel te verweven. Er was geen traditie voor het scenisch uitvoeren van Viviers andere werken. Maar alles viel op zijn plek. Het was een geniale ingeving om de musici deel te laten uitmaken van de enscenering. Alleen op die manier kon *Rêves* de door Audi gedroomde theatrale werking krijgen. De voorstelling ontstond door de vorm die Pierre ervoor bedacht had. Hij had een visioen in zijn hoofd, en je kon je er niet tegen verzetten. We hebben er nauwelijks een woord over gewisseld, maar achteraf moest je toegeven dat dit de enige manier was waarop dit project gerealiseerd kon worden.

Zo ging het in Nederland wel vaker. Juist omdat opera hier nauwelijks een traditie kent, staat althans een substantieel deel van het publiek open voor nieuwe ideeën en visies over wat opera zijn kan. Dat was de manier waarop Pierre te werk is gegaan. Dikwijls ontstond een stuk pas door de vorm die hij er zelf aan gaf. Het is een beetje zoals met *4'33"* van John Cage. De uitvoerenden bepalen wat er gebeurt, ook al heeft de componist de basis en het raamwerk nog zo strikt vastgelegd. Alle mensen die bij de uitvoering betrokken zijn, maken het kunstwerk, net zoals Pierre dat niet alleen bij zijn ensceneringen maar ook als artistiek leider van De Nationale Opera heeft gedaan.

Voor het Nederlands muziekleven is hij van onschatbare betekenis. Hij heeft van meet af aan veel aandacht geschonken aan hedendaagse Nederlandse componisten, en zijn beleid is zeer bevorderlijk geweest voor de muziekcultuur in dit land en dan in het bijzonder voor het genre opera. Zo hebben we, behalve van de opera's van Louis Andriessen, ook getuige kunnen zijn van eerste uitvoeringen van werken van Rob Zuidam, Michel van der Aa, Robin de Raaff, Guus Janssen, Martijn Padding en anderen. Veel van deze componisten hebben het bovendien niet bij één opera gelaten. En voor elke productie probeerde Pierre de juiste mensen bij elkaar te brengen. Wanneer hun gevraagd werd om mee te doen, ontstond bij veel musici dan ook de houding: 'Niets liever dan dat!'

En nu, dertig jaar later, gaat die destijds dertigjarige jongeman het gezelschap verlaten. Pierre Audi heeft iets bijzonders opgebouwd, en deze drie decennia geschiedenis vormen al een rijke inspiratiebron op zich. En hoe onwennig het de eerste tijd ook zal zijn, het is waarschijnlijk toch goed dat de fakkel na dertig jaar wordt overgenomen door andere mensen, die zich door Pierre's intuïtie, zijn durf en zijn overtuigingskracht kunnen laten inspireren. De nieuwe makers kunnen nog steeds veel van hem leren en zorgen dat de geschiedenis van het genre opera verzekerd is van een nieuwe toekomst.

Net zoals niemand in 1988 kon vermoeden wat de komst van Pierre naar De Nationale Opera zou betekenen, zo staan we ook nu weer aan de vooravond van een nieuw avontuur.

UITEENLOPENDE WEGEN
VAN MUZIEKTHEATER

PIERRE AUDI

7 Orlando (2011/12)

6 Saint François d'Assise (2007/08)

De meest primitieve vorm van muziektheater is het concert: een instrumentaal concert zonder woorden is in wezen een theater van klanken, dat voortvloeit uit de betoverende virtuositeit van een of meer musici. En als hierbij dan ook nog een dirigent wordt betrokken die in staat is de partituur in al haar nuances en gelaagdheid te ontsluiten, dan kan zo'n ervaring iemands leven veranderen.

In mijn jeugd hebben de concerten die ik bijwoonde onder dirigenten als Sir Adrian Boult, Sir John Barbirolli, de jonge Claudio Abbado en de zenmeester en ultraperfectionist Sergiu Celibidache, mijn leven veranderd, omdat ik door hen de theatrale kracht van louter musiceren ontdekte. Ik raakte gegrepen door het idee dat iedere muziekuitvoering eigenlijk vanuit het niets begint en in het niets eindigt, en dat dit 'niets' het mysterie van het menselijk bestaan als zodanig uitmaakt – een idee dat niet alleen voor klassieke muziek geldt, maar evenzeer voor de populairdere genres. Elk muziekstuk kan worden gezien als de weerspiegeling van de reis die we afleggen vanaf onze geboorte tot onze dood. Het is dat mysterie dat we, tot aan onze dood, steeds opnieuw willen beleven.

De kracht van een concert is dat het een beroep doet op ons voorstellingsvermogen; de stroom van klanken die tot ons komt, wordt vrijwel onmiddellijk verwerkt – de klanken roepen associaties bij ons op, ze wekken als het ware onze *psyche*, die ze stimuleren of tergen; ze ontroeren ons tot tranen toe en brengen ons in verrukking. Als we naar een concert gaan, verwachten we ook dat er zoiets gebeurt. Waarom? We weten het niet precies, maar misschien willen we deze ervaring steeds weer opnieuw herhalen, omdat we er nooit helemaal achter komen waarom we haar zo hard nodig hebben.

Zo ongeveer waren mijn eerste ervaringen met muziek. Het concert als 'theater van de wereld', de geheime poort naar nieuwe werelden die ik in mijn fantasie verbond met boodschappen uit het onbekende. Dat onbekende was heel concreet. Ik woonde in het Beiroet van de jaren '60 en '70 en kon me de westerse wereld alleen maar voorstellen aan de hand van beelden en klanken – in concreto de films en concerten die ik kon bezoeken.

De eerste keer dat ik in Europa een schouwburg bezocht waar iets werd vertoond wat zowel muziek als theater behelsde (en dat was toch net even iets anders dan louter een concert), was een volkomen statische enscenering van Wagners *Tristan und Isolde*, in juli 1969; voor een twaalfjarige een bijzonder lange zit – de lichten waren uit, het orkest zat in de bak en grote, nauwelijks bewegende figuren die oprezen uit de duisternis, moesten de personages in een verhaal verbeelden en brachten ellenlange aria's ten gehore.

Het was een fascinerende, verwarrende en vreemde ervaring, waarvan *één aspect* echter ten volle tot me doordrong: de combinatie van vervoering en volharding waarmee ik kennis had gemaakt. Wat een opluchting was het voor de welopgevoede maar gretige puber die ik destijds was, toen hij het theater kon verlaten en onmiddellijk daarna live-beelden van de eerste man op de maan te zien kreeg. Beide ervaringen deden heel onwerkelijk aan, en hun snelle opeenvolging had iets surrealistisch. Toch waren ze alle twee even waarachtig en overweldigend, zozeer dat ik besefte dat ik het daarbij niet kon laten. Op een of andere manier wist ik die avond dat ik mijn bestemming zou vinden ergens in het gebied waar die twee wegen elkaar kruisen.

Twee andere ervaringen waren vervolgens bepalend voor mijn diepe ontzag voor het sobere ritueel dat een muziekuitvoering kan zijn. Een componist genaamd Karlheinz Stockhausen organiseerde zeven concerten in een spectaculaire grot halverwege het Libanongebergte, concerten met elektronica en instrumenten. Zo maakte ik, voordat ik zelfs maar een noot van Richard Wagner had gehoord, al kennis met het concept van muziek die in nauw contact staat met de natuur en die ons wil verbinden met de klanken van de kosmos.

De tweede ervaring had veel gemeen met de eerste, maar hier ging het om een klankwereld die kenmerkend was voor het deel van de beschaving waarin ik opgroeide: die van de Arabische muziek. Het was een recital van de legendarische Egyptische zangeres Oum Kalthoum in de ruïne van de Romeinse, aan Jupiter gewijde tempel in Baalbek, een plek die wel 'een van de zeven wereldwonderen' is genoemd.

Roerloos en met de sterrennacht als baldakijn zong de diva 75 minuten lang één enkel lied, waarbij ze soms een kwartier lang improviseerde op de klank van één woord ('nacht'), terwijl het publiek in eerbiedige concentratie naar haar luisterde en iets als kosmische extase beleefde.

Deze ervaringen gaven mede richting aan mijn persoonlijke reis naar het muziektheater. Op mijn zestiende schreef ik een brief aan de theaterregisseur Peter Brook, een man wiens eigen tocht door de wereld van het theater uitstekend paste bij mijn hunkering naar ritueel drama, waarin het publieke met het persoonlijke wordt verenigd, het politieke met het spirituele en het epische met het intieme. Ik wilde van hem leren.

Hij maakte een uur voor me vrij en luisterde aandachtig. Voor een jongen van zestien is het een ontnuchterende ervaring om te worden aangehoord door een man als hij, dat kan ik jullie verzekeren. Maar misschien was hij toch geraakt door mijn geestdriftige betoog, want vervolgens maakte hij nog een tweede uur voor me vrij. Dit keer waren de rollen omgedraaid en voerde hij het woord. Hij benadrukte vooral dit: hoe divers mijn interesses ook zouden worden, ik moest er altijd voor zorgen dat ze zich zouden blijven richten op één enkel doel. Wat dat doel dan wel mocht zijn, werd niet onthuld. Verder had hij me niets te leren, zei hij.

Pas veel later werd me duidelijk wat hij bedoelde. Dankzij die ontmoeting sta ik hier met een overtuiging die het resultaat is van een reis; misschien ben ik inmiddels rijp genoeg om haar aan anderen over te dragen: we worden gevormd door wat we niet weten.

Toen ik regisseurs als Giorgio Strehler, Klaus Michael Grüber, Joeri Ljoebimov en Patrice Chéreau of componisten als John Cage en Pierre Boulez aan het werk zag, besefte ik dat een kunstenaar die iets voor het podium maakt in hoge mate wordt bepaald door wat hij of zij *niet* wenst te doen. Om meerdere verhalen tegelijk te vertellen, worden twee middelen ingezet: het ene betreft het 'hoe', het andere het 'waarom'.

Later heb ik dat omschreven als de wisselwerking tussen een horizontale en een verticale dramaturgische lijn, waarvan het strategisch snijpunt bepalend is voor elk kunstwerk afzonderlijk – een schilderij, een beeldhouwwerk, een muziekstuk, een opera, een film, een choreografie.

Wat ik me gaandeweg eveneens realiseerde, was dat vernieuwing in de kunsten vrijwel altijd samenhangt met de verwezenlijking van één enkele hartstocht die in een kunstenaar leeft: het diepe verlangen licht te werpen op de innerlijke structuur van iets. Met als gevolg dat de luisteraar, de toeschouwer, de kijker met zachte (of harde) hand op zichzelf wordt teruggeworpen. Hoe vrij, hoe brutaal, hoe gewaagd en hoe consistent is de betekenis van een bepaald werk of het hele oeuvre van een kunstenaar? Deze criteria werden richtinggevend voor mij, althans op mijn pad als programmeur. De behoefte mijzelf en jullie deelgenoot te maken van de uiteenlopende wegen die andere kunstenaars hebben bewandeld, is een vitaal onderdeel van het leerproces dat bij mij nog steeds in volle gang is.

Ik ben enorm veel dank verschuldigd aan het Holland Festival, dat mij tien jaar lang in de gelegenheid heeft gesteld al deze wegen en zijwegen nog grondiger te verkennen dan ik tot dusverre al had gedaan, door bijzondere kunstenaars in Nederland te introduceren, met name kunstenaars van wie het werk een cruciale rol heeft gespeeld bij het verzetten van de bakens op allerlei gebieden, en dan vooral op het gebied van het muziektheater. Als onderdeel van een festival kunnen deze werken worden beoordeeld en gewaardeerd in relatie tot andere kunstvormen: beeldende kunst, dans, gesproken theater, film en architectuur – stuk voor stuk gebieden met een bestendiger groei en een gelijkmatiger vernieuwingscurve dan de wereld van het muziektheater.

Ik ben er steeds ook op uit geweest om werk naar Amsterdam te halen van kunstenaars die heel diverse en soms tegengestelde methodes hanteerden: dirigenten die het muzikale materiaal opnieuw uitvinden, regisseurs als Peter Konwitschny, Christoph Schlingensief, Àlex Ollé, Olivier Py, Martin Kušej, Patrice Chéreau, Sasha Waltz en Simon McBurney en componisten die op zoek zijn naar een nieuwe taal, zoals Michel van der Aa, Beat Furrer, Martijn Padding, Wolfgang Rihm, Ben Frost, Calliope Tsoupaki, Alexander Raskatov, Kaija Saariaho, Rob Zuidam, Heiner Goebbels, Osvaldo Golijov en Micha Hamel.

Daarnaast heb ik geprobeerd een samenhangend overzicht te presenteren van de nieuwste werken van de moderne, al gevestigde meesters, van wie velen inmiddels zijn overleden maar wier werk ons blijft beïnvloeden en fascineren: Mauricio Kagel, Luciano Berio, Karlheinz Stockhausen, György Kurtág, Edgard Varèse, Luigi Nono, Pierre Boulez, John Cage, John Adams, John Taverner, Olivier Messiaen, Harrison Birtwistle, Claude Vivier, Arnold Schönberg en Louis Andriessen.

Wie een of meer van deze producties heeft bijgewoond, zal zich vast nog wel herinneren hoe opvallend de volstrekte afwezigheid van naturalisme zowel als 'futurisme' was, de overvloed aan spirituele onderwerpen, de bevestiging van kunst als ritualisering van de mythe. Religie en Grieks drama – de oerbronnen van het muziektheater – zijn nog steeds relevanter dan ooit. Iedereen is op zoek naar de grote ideeën, of het nu gaat om een terugblik op de geschiedenis of het aanroepen van goden die zelfs bestaan voor de meesten van ons die er doorgaans niet in geloven.

Opmerkelijk genoeg had ik in 2014 in een tijdsbestek van drie maanden de regie over twee wereldpremières die beide putten uit dezelfde Griekse bron: de vrij onbekende tragedie *Oedipus te Colonus* van Sophocles, waardoor zowel de Britse componist Julian Anderson als de Grieks-Nederlandse componist Calliope Tsoupaki zich had laten inspireren. Andersons compositie – een onderdeel van zijn operabewerking van Sophocles' hele Thebaanse trilogie – was een 30 minuten durend, Engelstalig stuk voor vijf personages, een groot orkest en een versterkt, achter de coulissen zingend koor. Tsoupaki's bewerking was een 90 minuten durende compositie voor drie, in het Oudgrieks zingende zangers, begeleid door een barokorkest. Het waren twee heel verschillende stukken, die elk ook een heel eigen enscenering vergden, maar gemeen hadden dat de componist werd gedreven door de sterke intellectuele behoefte het publiek van nu met deze wonderlijke materie vertrouwd te maken.

Tijdens deze lezingenreeks zal ik me vooral bezighouden met het muziektheater binnen de zogeheten klassieke muziek, al geeft deze aanduiding onvoldoende weer wat ze allemaal behelst. Voor mij wordt er in elk geval een wereld mee afgebakend die primair wordt gedomineerd door de status van de componist, de schepper van een muzikale wereld, die ons door middel van zijn muziek iets wil vertellen. Dat 'iets' gaat een eigen leven leiden zodra het eenmaal wordt geherinterpreteerd, toegesneden op de tijd en de wereld van nu.

Wie een zo veelomvattend onderwerp wil uitdiepen, loopt het risico zich te verliezen in een zeer academisch betoog. Dat wil ik proberen te vermijden, omdat ik een man van de praktijk ben en een programmeur die zich hoofdzakelijk bezighoudt met het heden en de toekomst. Ik wil primair uitgaan van mijn persoonlijke ervaringen en van de open vragen die zich alleen tijdens een werkelijk persoonlijke verkenningsreis kunnen aandienen.

Onlangs deed ik een nogal verwarrende ontdekking over mezelf. Terwijl ik probeerde beter zicht te krijgen op de kern van wat mij als regisseur bezighoudt, besefte ik dat het mij uiteindelijk maar om één ding gaat: luisteren (in het Latijn *audire*, waarvan de gebiedende wijs enkelvoud grappig genoeg *audi* luidt: luister). Luisteren is op zich al een veelomvattend onderwerp; het is de motor van iedere vorm van menselijke communicatie. We luisteren, we reageren, we brengen geluiden voort, we verwachten dat die worden gehoord en we reageren opnieuw. Al onze reacties, lichamelijk of mentaal, zijn reacties op geluiden, op klanken, op stilte, op lawaai, op gesproken woorden. Hoe goed we luisteren, bepaalt in hoeverre we in staat zijn de miljoenen boodschappen die door geluiden tot uitdrukking kunnen worden gebracht, succesvol te interpreteren.

Het meest raadselachtige en tegelijk meest intrigerende geluid is dat van muziek; een geluid dat, althans in mijn geval, niet zozeer in mijn leven kwam als een begin- en eindpunt op zich, maar als een welhaast dwangmatige 'generator', voortbrenger van beelden. Was het een op zichzelf staand doel geweest, dan was ik vast en zeker uitvoerend musicus geworden. Maar in het theater vond mijn fascinatie voor luisteren het medium waarmee de veelsoortige betekenissen van geluid konden worden vertaald in concrete emoties en relevante intellectuele betogen.

Iets wat ik al vroeg instinctief begreep, was dat deze ambitie nooit definitieve antwoorden zou opleveren. Het zou een weg worden waarop vragen de route bepaalden. Vragen zo banaal als: 'Waarvoor al die moeite?', of zo complex als: 'For Birth or Death?' (Voor geboorte of dood?) – de titel van de enige film die ik ooit heb gemaakt (daar kom ik nog op terug).

Naar elkaar luisteren is de sleutel tot elke muziek- en toneeluitvoering. Je zou denken dat zoiets tussen zangers in een opera-uitvoering niet mogelijk is, maar dat is het wel. Sterker nog: het is van cruciaal belang. De kwaliteit van ensemblewerk is af te meten aan het vermogen van de uitvoerenden de urgentie van een drama te ervaren door het op het podium op een authentieke manier te herscheppen. Dat betekent reageren op de tekst van iemand anders en, in een opera, op de muziek van iemand anders. Alle producties die ik tot nu toe heb geregisseerd zijn op dit principe gebaseerd. Dat is niet altijd even praktisch, want vaak kennen zangers alleen hun eigen partij en zijn ze zich minder bewust van wat hun collega's zingen, laat staan van de instrumentale muziek die rondom de woorden is geschreven. Als het lukt om het drama op deze manier een werkelijke samenhang te geven, worden daarmee twee dingen bereikt: het verhaal wordt des te beter verteld, doordat de veelsoortige sub-teksten worden blootgelegd en verweven met de muzikale lagen die de componist heeft aangebracht. En daarnaast krijgt het publiek zo de mogelijkheid om al luisterend de diepere boodschappen van het werk te bevatten.

Toen het me duidelijk was dat ik de gedrevenheid miste om me op één muziekinstrument toe te leggen, werd ik niettemin gefascineerd door het enorme scala aan uitdrukkingsmogelijkheden dat muziek te bieden heeft wanneer ze bijvoorbeeld wordt ingezet bij drama, komedie, tragedie of een spirituele rite. Het kostte me geen moeite om te ontdekken wat voor functies muziek kan hebben en haar op mijn eigen manier als 'gereedschap' te gebruiken. Maar met welk doel?

- Muziek kan het verstrijken van de tijd weergeven.
- Muziek kan complexe psychologische routekaarten ontvouwen, mentale toestanden weergeven die voortdurend in beweging zijn.
- Muziek kan commentaar leveren.
- Muziek is een stemmingsmanipulator; het is een bron van energie, die kalmte of onrust kan genereren.
- Muziek is gevaarlijk: ze kan onze ziel raken en wakker schudden, ons bewustzijn uitschakelen en ons confronteren met onze demonen.
- Muziek is een verwekker van dromen, een onthuller van waarheden.
- Muziek kan de taal van de mens verbinden met die van de natuur, en dat kan al met één enkel geluid worden bereikt.
- Muziek is een verhalenverteller; ze berust op en verwijst naar de menselijke hartslag en heeft daardoor het vermogen iedere menselijke emotie te herscheppen.
- Muziek kan vormelijkheid én ongedwongenheid oproepen. Ze kan evenzeer abstracte ideeën weergeven als het onverklaarbare en het onbekende.
- Muziek is een bevestiging van het hier en nu, een middel om het heden te peilen en eveneens een manier om het verleden op te roepen.
- Muziek is de stem van pijn, vreugde en hoop.
- Muziek is een bekrachtiging van culturele identiteit – met alle denkbare positieve en negatieve politieke gevolgen van dien.
- Muziek is de beste vriend en de grootste vijand van woorden.
- Muziek functioneert als een bemiddelaar tussen talen.
- Muziek kan zowel beelden oproepen als ze tenietdoen.

In deze opsomming worden de functie, de invloed en de betekenis van muziek beschreven; ook is ze ten volle van toepassing op het huwelijk tussen muziek en theater, een band die inmiddels ruim vier eeuwen oud is en nog steeds even vitaal. Tevens kunnen we in deze opsomming de oneindige transformaties bespeuren die dit enorme scala aan mogelijkheden suggereert. Transformaties waaruit subcategorieën van kunstvormen, tegengestelde stromingen en tal van artistieke expressieniveaus zijn ontstaan. En die categorieën hebben zich op hun beurt weer even kwistig vermenigvuldigd als er culturen zijn. Van dorp naar stad, van land naar werelddeel. Van de meest specifieke en persoonlijke tot aan de meest populaire en universele uitdrukkingsvormen.

De componist Luigi Nono noemde zijn *Prometeo* (1984–85) een 'tragedie van het luisteren'. Een tragedie in de Griekse betekenis van het woord is een ritueel dat een persoonlijke loutering tot doel heeft. Met dit meesterlijke oratorium had Nono artistiek gezien een soort Heilige Graal gevonden. Ik zal nooit vergeten hoe ik na een uitvoering van dit werk in het Parijse Palais de Chaillot urenlang op kisten met geluidsapparatuur naar Nono heb zitten luisteren, die een lange, melancholieke monoloog hield, vol vragen, twijfels, bespiegelingen, zelfkwelling en zorgen. Niets was zeker. Alles lag open.

Misschien was het zinloos. Misschien had hij het helemaal mis. Nono's woorden ontleenden hun enige samenhang aan zijn diepe gedrevenheid en zijn obsessie met de muzikale kwaliteit van de uitvoering. Hoe? Waarom? Het 'waarom' lag open.

Maar het 'hoe' stond Luigi Nono volstrekt helder voor ogen: alleen absolute perfectie zou een werk met zo'n grote akoestische ambitie recht kunnen doen. En iedereen die ooit bij een uitvoering van *Prometeo* betrokken is geweest heeft ook altijd gestreefd naar die opperste perfectie. Die uren met Nono zullen me altijd bijblijven. Ik heb er een belangrijke les van geleerd: dat bij ongeacht welke live-uitvoering ook, het streven naar voortreffelijkheid altijd voorop moet staan. We krijgen maar één kans, en dat is een enorme verantwoordelijkheid. Door voortreffelijkheid maken we het mogelijk werkelijke communicatie tot stand te brengen, de luisteraar echt te laten luisteren.

De componist-dirigent Pierre Boulez is de man die de twintigste-eeuwse muziek heeft gered door bepaalde normen met betrekking tot de perfectie van de uitvoering te introduceren die tot aan de jaren vijftig van de vorige eeuw waren voorbehouden aan het reguliere romantische repertoire. Diezelfde Pierre Boulez heeft er ooit voor gepleit alle operahuizen met de grond gelijk te maken. Wat hij daar eigenlijk mee wilde zeggen, was dat de negentiende-eeuwse maatstaven aan een grondige revisie toe waren en dat deze kunstvorm moest worden vernieuwd, ten behoeve van de flexibiliteit die noodzakelijk is gezien alle ontwikkelingen in de wereld om ons heen en de ontelbare nieuwe mogelijkheden die componisten nu ter beschikking staan.

Boulez besefte dat de toekomst van het muziektheater niet lag in de zalen die waren bestemd voor achttiende- en negentiende-eeuwse opera's, maar in ruimten die van gedaante kunnen veranderen en zowel muzikale als theatrale illusies kunnen creëren die een nieuwe invulling geven aan de relatie tussen toehoorder en uitvoerende. Geen wonder dat Boulez zo gefascineerd was door Wagners baanbrekende Festspielhaus in Bayreuth.

Met de Nederlandse première van Boulez' muzikale oratorium *Répons* opende ik seizoen 1990–1991 bij DNO. Op papier was dit een niet-operateske gebeurtenis en als zodanig dus een soort intentieverklaring, die in de loop der jaren werd waargemaakt met talloze experimenten, opdrachten en ensceneringen van werk uit het hele gevestigde repertoire en daarbuiten, waarbij meer dan eens met de gevestigde regels werd gebroken en onze verwachtingen en nieuwsgierigheid danig werden getart. Ja, opera heeft heel wat meer om het lijf dan wat zangers op het podium en een orkest in de bak.

Klassiek repertoire actueel maken is niet alleen maar een kwestie van de personages op het toneel in een eigentijds jasje steken. Het begint ermee dat je de oude partituren met moderne oren beluistert. Dat is ook iets wat Boulez ons heeft geleerd. Schönbergs *Moses und Aron* lijkt in eerste instantie vooral een zeer problematisch werk. Ik heb gezien hoe Boulez de onvoltooide partituur van deze opera al dirigerend als het ware hercomponeerde, zodat ze haar optimale werking kreeg, terwijl hij trouw bleef aan de geest ervan. Schönberg zelf heeft dit werk immers nooit uitgevoerd gehoord of gezien – evenmin als Berlioz zijn *Troyens* of Vivier zijn droom van een *opéra fleuve*. Gesterkt door deze ervaring besloot ik twee decennia later het theatrale potentieel te onderzoeken van een ander werk van Schönberg, dat tot dan toe alleen concertant was uitgevoerd en als zodanig een grote faam genoot: de *Gurre-Lieder*. Dit was dus een werk waarvan het theatrale potentieel nog onontgonnen was. Archeologie? Heruitvinding? Misschien iets ertussenin. Deze productie ging in september 2014 bij DNO in première, onder muzikale leiding van Marc Albrecht.

Ja, dirigenten kunnen ons helpen onze oren beter te gebruiken en de inwendige structuur van een partituur beter te doorzien; ze kunnen die zelfs als 'toekomstmuziek' laten klinken. Genieën als Mozart en Händel hebben twintigste-eeuwse muziek *avant la lettre* in hun composities verwerkt, zoals de al even baanbrekende dirigent René Jacobs duidelijk maakte tijdens onze gezamenlijke productie van *Orlando*, eveneens in 2014. Op deze manier krijgt wat werkelijk relevant is zijn urgentie, waardoor we ons ontroerd voelen door en betrokken raken bij de gebeurtenissen op het toneel. Dit is al een eerste aanzet tot een antwoord op de eerder gestelde vraag: 'Waarvoor zouden we al die moeite doen?'

Nu we hebben vastgesteld dat een productie allereerst van het hoogste muzikale niveau moet zijn, ben ik ervan overtuigd dat het geloof in de toekomst van het muziektheater bovenal een kwestie van mentaliteit is. De basis hiervan is muzikale durf, en deze moet niet alleen betoond worden door dirigenten, zangers, intendanten en orkestmanagers maar ook door het publiek. We zouden ernaar moeten streven operabezoek even populair te maken als filmbezoek. Hoe idioot het ook klinkt, dat is naar mijn idee het langetermijndoel waarvoor we ons sterk moeten maken.

Niemand heeft zoveel bijgedragen aan de koerswijziging van onze kunstvorm als wijlen Gerard Mortier. Hij was op vele fronten een pionier, maar bovenal was hij een voorvechter van het idee dat dirigent en regisseur nauw met elkaar moesten samenwerken, om zodoende tot een interpretatie van het werk te komen die op intelligente wijze schakelt tussen eenheid en contrapunt. Deze visie heeft opera in korte tijd in een eigentijdse, rijke, boeiende theatrale gebeurtenis veranderd. De kracht van zijn nalatenschap is zo groot dat het zo goed als ondenkbaar is dat de opera ooit nog zal terugvallen in de situatie waarin hij eind jaren zeventig van de vorige eeuw verkeerde. Ik wil Gerard Mortier een speciale hulde brengen voor wat hij me allemaal heeft geleerd, voor het vertrouwen dat hij mij heeft geschonken tijdens onze talrijke samenwerkingen en voor het voorbeeld dat hij in zijn vele hoedanigheden metterdaad gesteld heeft en dat toekomstige generaties componisten en regisseurs blijvend zal inspireren.

Desalniettemin heeft Mortier er dikwijls op gewezen dat de grootste handicap waarmee we bij opera te maken hebben, het beperkte repertoire is dat we steeds opnieuw moeten uitserveren. Want al met al gaat het hierbij om niet meer dan zestig titels. Tenzij opera het 'syndroom van de klassieken' kan overwinnen, zal deze kunstvorm denk ik een langzame dood beschoren zijn. Er moeten nieuwe risico's worden genomen, de focus moet worden verlegd van het verleden naar de toekomst, terwijl de nieuwsgierigheid van het publiek toch steeds opnieuw moet worden geprikkeld. De taaiste problemen die we onder ogen moeten zien om opera als levende kunst te laten gedijen, zijn de hoge kosten die met operaproducties gemoeid zijn, de omvang van operahuizen, de verleiding te zwichten voor de sterrencultus, de diepgewortelde huiver van een deel van het publiek voor nieuwe muziek, en al deze factoren moeten worden afgezet tegen het fundamentele inzicht dat het geheel belangrijker is dan elk van de afzonderlijke delen.

Als makers en programmeurs hebben we, kortom, een hele waslijst van alarmerende redenen om ons al die moeite wél te getroosten.

Toen ik in 1988 werd benoemd tot artistiek directeur van De Nationale Opera, werd ik gedwongen de comfortzone van de experimentele ruimte te verlaten. Ik ontdekte dat vernieuwing even noodzakelijk is op grote als op kleine schaal. Amsterdam heeft een voortrekkersrol gespeeld in het schrappen van de gangbare prioriteiten in de programmering. Iedere productie heeft topprioriteit, omdat ieder project hetzelfde doel nastreeft, dat steeds benaderd wordt vanuit een reeks nieuwe variabelen. Is dit een realistische visie die wereldwijd toepasbaar is op opera? Misschien niet. Maar in dit deel van de wereld hebben we nog steeds het geluk te spelen voor een publiek dat meer openstaat voor het experiment dan voor de traditie. Het muziektheater heeft hier dus ook een grotere kans te bloeien en zich werkelijk te onderscheiden. We moeten alles doen wat in ons vermogen ligt om deze kostbare kansen niet te verspelen.

Bij mijn eerste productie in Amsterdam ging ik uit van de lege ruimte en probeerde ik alleen het hoogstnoodzakelijke te ensceneren en de handeling zo min mogelijk in te kaderen met een specifiek architectonisch ontwerp. Deze benadering zorgde ervoor dat het pure luisteren verhevigd werd en schiep de mogelijkheid om, vanuit wat een minutieuze psychologische choreografie kan worden genoemd, ieder personage op het toneel zijn of haar eigen verantwoordelijkheid te geven voor het drama als geheel. Door deze werkwijze werd dat immense podium voor mij iets heel intiems, het werd een bron van energie en een nieuw soort comfortzone, waarin grote verhalen konden worden verteld. Zo begon ik met de op Griekse mythen en Romeinse geschiedenis geënte drama's van Monteverdi, die niet veel later werden gevolgd door de muziekdrama's van Wagner.

Zodoende werd luisteren voor mij de basis van het muziektheater, om vandaaruit te zoeken naar de essentie en het theatrale momentum; dat leek mij de beste manier om ook het publiek met hart en verstand bij het narratieve proces te betrekken. Gelukkig is deze werkwijze vandaag de dag relevanter dan ooit.

Ja, hedendaagse componisten geloven nog steeds dat goden en stervelingen elkaar op het operatoneel kunnen ontmoeten en het publiek werkelijk kunnen raken.

Jazeker, het psychologische, het rituele en het bovennatuurlijke element maken zich door meerdere stemmen aan ons kenbaar, maar uiteindelijk spreken ze allemaal een en dezelfde taal. In mijn enscenering van *Orlando* deed ik juist afstand van de lege ruimte om het verhaal in kwestie optimaal tot zijn recht te laten komen: het tijdloze relaas van de tragische gevolgen van een obsessieve liefde. Voor het eerst experimenteerde ik met een (gewaagde) mengeling van uiteenlopende inspiratiebronnen: de achttiende-eeuwse Verlichting, het aloude Zarathoestrische vuur en zijn tegendeel, het werk van Edvard Munch, negentiende-eeuwse *gothic* griezelbeelden en video, die ons de mogelijkheid biedt om met de factor tijd te spelen [**afb. 7**].

Toen we in de voorbereidende fase van *Orlando* de mogelijkheden verkenden om dit verhaal op een eigentijdse, geloofwaardige manier te verbeelden, vonden we de sleutel daartoe door het concept van de illusie – of magie – tot een narratief middel te maken, waarbij aan het publiek werd overgelaten hoe het de boodschap wilde lezen. Eerlijk gezegd kon ik me eerst niet voorstellen dat dit zou werken – maar het werkte.

In deze *Orlando* waagde ik het de regels der nevenschikking te tarten. Feit is dat muziek zich met ongeveer ieder soort beeld laat verbinden. Voor de meeste regisseurs geldt dat ze allereerst moeten leren inzien dat beelden het best met muziek kunnen worden gecombineerd door niet de prioriteiten van het drama maar die van de muziek voorop te stellen. Vervolgens kan dan worden onderzocht in hoeverre de intensiteit van het theatrale vuur verweven kan worden met de muzikaliteit van een productie of deze op een uitdagende manier kan prikkelen. Juist aan de evenwichtige krachtsverhouding tussen deze drie factoren dankte de experimentele opzet van een productie als *Orlando* zijn overtuigingskracht.

Uiteraard kennen de uiteenlopende wegen van het muziektheater elk hun beperkingen, en de risico's die ik ben aangegaan, zullen sommigen als vernieuwend bestempelen en anderen als behoudzuchtig. Tal van vakgenoten hebben ons nieuwe gereedschappen aangereikt om de geijkte verwachtingspatronen te doorbreken. Zo liet regisseur Romeo Castellucci in 2011 in Brussel de eerste akte van *Parsifal* in volstrekte duisternis beginnen, waarin de zangers pas gaandeweg enigszins onderscheiden konden worden. Werkte het? Niet helemaal. Was het een goed idee? Dat wel. En waarom? Omdat het uitgangspunt van de regisseur zijn overtuiging was dat het mysterie van het verhaal beter tot zijn recht zou komen door het publiek naar beelden te laten luisteren die geen enkel geluid voortbrachten. Het was een mooi idee, maar in de praktijk ondermijnde het zichzelf. En dat gebeurde volgens mij omdat je opera van haar *raison d'être* berooft wanneer je de live-uitvoering als bepalend kenmerk eruit verwijdert. Castellucci had evengoed zijn punt kunnen maken door de muziek via een geluidstape ten gehore te brengen.

Dat maakte zijn visie in mijn ogen heel nihilistisch. Als toeschouwer wil ik ervaren hoe het experiment zich verwezenlijkt dankzij het kunstenaarschap van de uitvoerenden, aan wie de taak is toevertrouwd het werk live voor een publiek op te voeren.

Is deconstructie de waarborg voor werkelijke vernieuwing in muziektheater en opera? Om ongeacht welke kunstvorm opnieuw uit te vinden is deconstructie in een bepaalde fase onvermijdelijk, maar het is een fase, die we moeten benutten als we nieuwe wegen willen vinden om vooruit te komen. Of we deconstructie nodig hebben om een grote sprong voorwaarts te maken, is nog maar de vraag.

Maar dan doet zich een volgend geslaagd experiment voor en staan we voor een nieuwe uitdaging. *Wachten tot onze overtuigingen onderuit worden gehaald, is de essentie van onze zoektocht.* Laten we zorgen dat we altijd kunnen blijven opereren in een wereld waarin alles mogelijk is, met als enige voorbehoud: we moeten live-uitvoeringen blijven koesteren. Als die vervallen, kunnen we onze theaters en podia wel opdoeken. Het digitale tijdperk zal met al zijn verlokkingen een geduchte tegenstander blijken. Maar wij zijn sterker, daar ben ik van overtuigd.

Christoph Schlingensief kwam de operawereld binnen als een komeet die in hartje zomer langs een heldere nachtelijke hemel flitst. Hem had ik de regie van de *Gurre-Lieder* willen toevertrouwen. Zijn methode was het teweegbrengen van een soort extase door zeer gelaagde visuele rituelen op te voeren, die verwijzingen bevatten naar allerlei wereldculturen. Hij wilde opera maken als utopie, als spiegel van onze wereld, in een reusachtige smeltkroes van culturele energiestromen, met de taal van dromen als belangrijk ingrediënt en die spirituele grenzen overstegen terwijl ze er wel rechtstreeks uit voortvloeiden.

Zijn visie was beslist de moeite waard, net als die van Castellucci, maar ze kon niet meer dan een intermezzo zijn. Dit soort intermezzo's vind ik verfrissend en heilzaam voor de opera, maar ik zou zo graag een nieuwe, optimistische fase willen zien aanbreken, die nieuwe operatalenten aantrekt, jonge makers die nu nog het idee hebben dat film en televisie hun een gevarieerder, groter en geïnteresseerder publiek kunnen bieden. Waarom zouden ze zich inspannen om hun talent ten dienste te stellen van een kunstvorm die met uitsterving wordt bedreigd? Ik reken het ze niet aan, maar ik wou dat we hen ertoe konden verleiden om tegelijkertijd de wereld en de opera te redden.

Ik heb een tijdje gedacht dat film en muziek konden versmelten en als zodanig een nieuwe mogelijkheid zouden bieden om het arsenaal en de reikwijdte van muziekdrama's – oud of nieuw – uit te breiden. Dat denk ik nog steeds. In 2000 waagde ik me aan een filmbewerking van twee *Canticles* van Benjamin Britten, getiteld *For Birth or Death*. Dit boeiende experiment toonde niet alleen aan dat zangers overtuigende filmacteurs kunnen zijn, het opende ook een scala aan mogelijkheden om de innerlijke taal van een stuk over te brengen met behulp van nieuwe vertelwijzen. Een vervolg op dit project werd belemmerd door de Nederlandse filmfinancieringsstructuur. Als de opera's die we in de bioscoop en op televisie te zien krijgen, speciaal voor het medium zouden worden gemaakt en niet louter registraties van live-uitvoeringen waren, dan zou dat zeer vernieuwende resultaten kunnen opleveren en nieuw licht kunnen werpen op oudere werken.

Deze ervaring en ook verscheidene samenwerkingen met beeldend kunstenaars maakten deel uit van mijn zoektocht naar nieuwe manieren om met muziek te werken. Wat me ervoor behoedde om me te laten leiden door trends, was mijn sterke affiniteit met de moderne muziek en met hedendaagse componisten. Om een of andere reden bleek ik een aangeboren voorliefde te hebben voor de theatrale interpretatie van de diverse soorten nieuwe muziek. Dat ik ben begonnen bij de klanken van de toekomst en de vraag hoe die te 'oogsten', te interpreteren en te verbeelden, heeft me een cruciaal houvast gegeven bij de benadering van muziektheater uit vroeger eeuwen.

Zo kom ik dan weer terug op het 'luisteren': mijn alfa en omega. Weten wanneer en hoe de muziek moet worden gesublimeerd in het acteren, en waar deze juist moet worden geëxternaliseerd door middel van beelden die de vertolkers – zangers, acteurs, dansers – met elkaar verbinden in de ruimte – deze zoektocht naar het juiste evenwicht bracht me ertoe het gebruik van gesloten decors stelselmatig te vermijden en in plaats daarvan te streven naar een extreem soort minimalisme of me te laten leiden door de artistieke zeggingskracht van beeldend kunstenaars wier bijdrage per definitie volkomen abstract is.

De omvang van de grote podia, maar ook de impact die live-muziek op de sfeer van willekeurig welke ruimte heeft, maakt dat je als regisseur van muziektheater de 'topografie' van het drama ten volle moet beheersen. In het theater bestaan geen close-ups; muziek echter beschikt over een zeer breed geschakeerd palet en kan elke wending in het drama vanuit vele invalshoeken benaderen. Een filmregisseur stuurt het verhaal met een camera die op ieder ogenblik dicteert en manipuleert wat de toeschouwer moet voelen. Een operaregisseur kan zo'n impact alleen bereiken door middel van reductie – reductie als een manier om de zeggingskracht te vergroten. Daarom kan opera zoveel leren van andere kunstvormen en daarom ligt zijn grootste heil erin zich buiten de begrenzingen van de klassieke schouwburgen te begeven, andere podia op te zoeken.

Bij de dilemma's waarvoor we staan in de scholing van toekomstige generaties zangers, regisseurs en componisten, zijn we jammer genoeg nog steeds gefixeerd op de negentiende eeuw. In Nederland kunnen en moeten we onze horizon verbreden. Dat is noodzakelijk, want de muziek van onze tijd is het net zozeer als de muziek uit het verleden waard om werkelijk te worden begrepen, vooral door meer vat te krijgen op de technische, intellectuele en artistieke uitdagingen ervan. De componisten die de tand des tijds hebben getrotseerd zijn degenen die het uiterste van de vertolkers vergden. Monteverdi, Berlioz en Wagner schreven in feite muziek voor uitvoerenden die destijds nog geboren moesten worden. Nu nog kost het veel moeite om de jonge mensen die zich aangetrokken voelen tot het muziektheater, de reikwijdte en de diepte van het repertoire te laten bevatten, laat staan te beheersen. Gelukkig zien we dat zich hierover langzaam maar zeker een bepaald bewustzijn aan het ontwikkelen is, maar dit moet nog veel sterker worden als we willen dat nieuwe groepen toehoorders voldoende geïnteresseerd raken om te komen luisteren. Waarom zouden ze zich anders al die moeite getroosten?

Op zijn sterkst is een *Gesamtkunstwerk* een overweldigende ervaring die ons probeert te betrekken in de grote thema's en grootse emoties. Wagner sprak namens alle componisten toen hij schreef: '*Kinder, schafft Neues!*' Het is verleidelijk om het standpunt te huldigen dat we in een tijd leven waarin argeloosheid niet meer bestaat, waardoor we ons gerechtigd achten oudere werken met ironie tegemoet te treden, ze soms zelfs volledig te herschrijven. Naast publiekseducatie is de grootste uitdaging waarvoor opera staat, de juiste balans te vinden tussen de theatrale en de muzikale dramaturgie.

We zoeken naar inspiratie bij theaterregisseurs, choreografen, beeldend kunstenaars en cineasten; operaregisseurs vervelen ons. We denken dat de opera kan worden gered door producties van internationale operahuizen live in de bioscoop te vertonen. We weten niet goed meer waarop we ons moeten richten, vooral omdat we vergeten zijn dat al onze dilemma's zich domweg moeten voegen naar dat ene doel van Peter Brook. Het is een doel dat we nooit kunnen bereiken, omdat het zich naarmate we het dichter denken te naderen, steeds verder van ons verwijdert.

PIERRE AUDI

8 Gurre-Lieder (2014/15)

10 Médée (2012/13)

VERONTRUSTENDE CONFRONTATIE

9 Pelléas et Mélisande (2013)

Mijn werk is tot dusverre door drie thema's bepaald. Ten eerste: muziek als versleutelde tekst. Ten tweede: de lege ruimte, of: hoe leegte een drama met nieuwe betekenis kan vullen. Ten slotte: de vraag in hoeverre een kunstenaar – of hij/zij nu een getalenteerde regisseur of ontwerper is – een wezenlijke bijdrage kan leveren aan het muziektheater.

Maar laten we beginnen bij de componisten. Wanneer een componist overweegt een opera te maken, zal hij/zij algauw ontdekken dat de meeste muziekdrama's in feite zijn opgezet als een betrekkelijk statisch gebeuren. Om een opera met enig succes te laten plaatsvinden, kunnen een decor, een flinke dosis sfeerbepalende performativiteit en zangers met een zeker podiumcharisma al voldoende zijn, vooral wanneer het peil van de muzikale uitvoering hoog is. Maar deze gang van zaken was tegen de tijd dat ik ter wereld kwam eindelijk op zijn retour, en de achterliggende methodiek is sindsdien onophoudelijk gedeconstrueerd en gereconstrueerd.

Mijn repertoirekennis bouwde ik op door dit soort inmiddels voorgoed verdwenen opera-ensceneringen bij te wonen. Wat me van de theatrale kant is bijgebleven, heeft me zonder dat ik me daarvan destijds bewust was, geholpen mijn eigen weg in dit vak te vinden. Samenvattend zou ik dat omschrijven als een ambacht dat zijn karakter in hoge mate ontleent aan de boeiende spelletjes die opera speelt met de factor tijd. Theater is de kunst van het nu. Muziek zet de tijd stil. Muziektheater komt voort uit de paradoxale combinatie van deze twee; het streeft naar catharsis en smeedt zijn magie door veelal duistere sprookjes over de menselijke ziel te vertellen en weer opnieuw te vertellen. Een operacomponist concipieert een werk in zijn of haar hoofd als een theatraal 'tapijt', dat het drama vertaalt naar een klankwereld, die onze ziel aanspreekt en ons ertoe verleidt ons zintuiglijk en intellectueel te laten uitdagen.

De afgelopen veertig jaar hebben we geworsteld met de vraag hoe we aan deze klankwerelden een nieuwe gedaante zouden kunnen geven, en waarom. Inmiddels is er een zeer divers scala aan mogelijkheden ontwikkeld, waardoor het hele idee van een definitief, eensluidend antwoord op deze vraag achterhaald is, terwijl tijdgebonden interpretaties juist worden omarmd. Soms denk ik: een stuk actualiseren zou logischerwijs toch moeten betekenen dat ook de muziek wordt geactualiseerd? Toch lijken we met deze tegenspraak goed te kunnen leven. We hopen dat de muziek wordt geactualiseerd wanneer ze op een nieuwe manier wordt gedirigeerd. Maar ik vraag me af of dat voldoende is.

De huidige operakunst zou ik omschrijven als een schip dat doelloos op volle zee rondvaart, op zoek naar standvastigheid en een bestemming. Ik voorspel dat deze kunstvorm de crisis waarin ze nu verkeert, nooit te boven zal komen als we er niet alles aan doen om het schip van koers te doen veranderen, onaangenaam bekneld als ze is tussen de afhankelijkheid van subsidies, de strijd om te bewijzen dat opera relevant is en de noodzaak aantrekkelijk te zijn voor het hedendaagse publiek.

De ontwikkeling van het moderne muziektheater beleefde een doorbraak dankzij Walter Felsenstein (de in Oostenrijk geboren, Oost-Duitse regisseur) en ook door de grensverleggende producties van Wieland Wagner. Felsenstein introduceerde een nieuwe zang- en acteerstijl, waarbij de nadruk lag op de expressiviteit van de zangers en bijvoorbeeld tot in detail werd uitgewerkt hoe een operakoor zich over het toneel kan bewegen, zodat tal van nieuwe mogelijkheden werden ontdekt. Wagner richtte zich meer op het sacrale karakter van het muziektheater en verbond de poëtische kracht van de abstrahering met de kunst van de verstilling die uitgaat van de energie van een zanger – een kunst die door de Japanners eeuwenlang is geperfectioneerd in het traditionele No-theater.

Terwijl de revolutie van Felsenstein nog steeds op vrijwel alle operapodia voortgang vindt, hebben de vernieuwingen van Wieland Wagner geen echte navolging gekregen. Het zijn vooral de tijdloze vormen die zich maar moeizaam staande weten te houden naast de vormen die flirten met een nadrukkelijke herinterpretatie, en momenteel lijkt deze laatste variant, althans in West-Europa, het meest aan te slaan. Ja, de operawereld voegt zich maar al te graag naar modieuze trends. Maar geen enkele benadering hoeft te worden afgewezen, zolang ze maar met overtuiging wordt gerealiseerd. Iedere paar jaar kijken we vol spanning uit naar de komst van een nieuwe Messias. Ik geloof dat ik niet zonder vreugde kan stellen dat ik in geen van de genoemde categorieën wil passen. Ik wil het waagstuk aangaan van de hybride vorm, een poly-stilistische benadering, waarin de verwarringen en verlangens van onze tijd worden weerspiegeld en die een methodiek behelst die zich even graag voor- als achterwaarts beweegt.

In mijn eerste ensceneringen heb ik me sterk laten leiden door mijn behoefte me te onttrekken aan het voorspelbare en onontgonnen terreinen te verkennen (waarbij ik me misschien vooral liet inspireren door de ideeën van Wieland Wagner en zijn volgelingen). Als ik een van diens producties live uitgevoerd had gezien, had ik misschien wel een andere koers gekozen. Maar deze weg ontvouwde zich volkomen vanzelfsprekend voor me en was het resultaat van het autodidactische traject waaraan ik me dertig jaar geleden heb verbonden. Wat ik weet, heb ik mezelf geleerd.

In mijn eerste lezing had ik het over regisseren als de kunst van het weglaten. Deze aanpak verschilt danig van die van de 'concept-regisseur', die er vooral naar streeft zijn of haar interpretatie van een stuk naar het podium te vertalen, met soms als gevolg dat het hele stuk wordt herschreven, waardoor het volledig van gedaante verandert en, erger nog, de compositie louter dienstdoet als soundtrack.

De kunst van het weglaten betekent voor mij dat ik het verhaal omhul met een mysterieuze leegte, die zodanig wordt ingevuld door de muziek dat we als publiek getuige worden van twee soorten drama: het ene wordt gecreëerd door het geluid, het andere door de woorden. Een veelvuldig terugkerend thema in mijn regies is dat deze twee vormen van drama op strategisch gekozen momenten met elkaar worden verweven dan wel drastisch van elkaar worden gescheiden – soms zelfs bijna van elkaar vervreemd – om theatrale spanning en nieuwe betekenissen te genereren.

De grote uitdaging bij de regie van Schönbergs *Gurre-Lieder* was om te laten zien dat veel ogenschijnlijk losse elementen in dit werk onlosmakelijk met elkaar verbonden zijn en dat alles erop gericht is om één enkel verhaal te vertellen, dat een mythische dimensie heeft die verwant is aan die in de allereerste opera: *L'Orfeo*. Een verhaal waarin liefde en dood, privé en openbaar, licht en duisternis, persoonlijk verlies en de waanzin van oorlog de hoekstenen vormen van een uitzonderlijk vrije en vindingrijke kathedraalstructuur, die geheel ontsproten is aan het brein van de componist.

Onze herontdekking van de *Gurre-Lieder* [afb. 8, 32] maakte ook dat we dit werk veranderden in een opera die heel wat elementen van deze kunstvorm ter discussie stelt. Om opera te behouden als medium om ideeën op hoog filosofisch niveau tot uitdrukking te brengen, moeten we de contouren van vorm en inhoud laten vervagen en het publiek leren zijn verwachtingen bij te stellen (zoals Wagner met zijn *Ring*-cyclus heeft gedaan). Iets dergelijks lijkt Schönberg ons te willen zeggen, zoals velen dat na hem hebben gedaan (onder wie Karlheinz Stockhausen). Ze lijken het er allemaal over eens dat deconstructie de beste manier is om de boodschap van een stuk zo helder en betekenisvol mogelijk over het voetlicht te brengen.

De oplossingen die ik aandroeg in mijn regie van de *Gurre-Lieder* had ik niet kunnen verzinnen zonder alle ervaring die ik opdeed bij veel van de stukken die ik ervóór had geregisseerd. De sleutel tot één bepaalde scène had ik bijvoorbeeld nooit kunnen vinden, ware het niet dat ik (puur toevallig) enige tijd daarvoor de regie van Wolfgang Rihms opera *Dionysos* had gedaan. De nachtmerrie van Nietzsche in deze opera vertoont veel gelijkenis met die van Waldemar in de *Gurre-Lieder*.

In beide werken luisteren de personages op een gegeven moment naar een koor dat ergens ver weg een op Bach geënt koraal zingt, waarin de tragiek van de offers die de oorlog heeft geëist, wordt gesublimeerd in de hoop op verlossing. Het hieruit voortvloeiende gebed en de emoties waarmee dat gepaard gaat, roepen een gevoel van hoop op dat de personages erop voorbereidt de onvermijdelijke confrontatie met de dood minder bevreesd tegemoet te zien.

De ruimte voor de muziek is hier allesbehalve abstract: de muziek vertaalt versleuteld geraakte woorden in klanken, overbrugt wat niet in woorden kan worden gevat. Daarna volgt een lied dat wordt gesproken over de muziek heen, een voorbeeld van Schönbergs vernieuwende *Sprechgesang*: ritmisch op muziek gezette spreektekst.

Een ander voorbeeld van muziek als versleutelde tekst is de treurmars voor Siegfried in Wagners *Ring*-cyclus. Deze mars, waarbij doorgaans Siegfrieds levenloze lichaam het toneel af wordt gedragen, werd in mijn enscenering gebruikt om het verdriet te beschrijven van zijn weduwe Brünnhilde en het toneel gereed te maken voor haar terugkeer om zijn ring op te eisen, die nog steeds om zijn vinger zat – een symbool van loze macht, maar ook een heilig liefdespand. Door deze emotionele ontwikkeling te tonen, worden de gebeurtenissen in de scènes daarna niet alleen gelaagder maar ook desolater.

Mijn regie suggereert dat Brünnhilde hier een bepalende rol kan spelen, omdat we eerder, aan het eind van *Die Walküre*, hebben gezien hoe haar eigen vader Wotan naast haar is gaan liggen nadat hij haar in slaap heeft gebracht. De pijn is te hevig. De slaap is helend en bereidt een nieuw ontwaken voor, een hoger bewustzijnsniveau. Dat probeerde ik te laten zien en het komt overeen met wat de muziek ons vertelt. Opera's zijn veelal de projecties van droombeelden die ontstaan tijdens de diepste slaap in het holst van de nacht. Een goede productie moet een verontrustende confrontatie zijn; ze moet ons ertoe verleiden beter te dromen en verder te dromen, zodat we de dingen in onszelf waarover we geen controle hebben dieper kunnen doorgronden.

In het geval van *Die Walküre* en veel van mijn andere producties leidden de lege ruimte en mijn behoefte oer-energieën aan te spreken om de complexiteit van het verhaal recht te doen, tot een ingetogenheid, soms zelfs soberheid die zo volledig was dat de muziek er haast immaterieel van werd. Ook op de momenten dat een zanger niet zelf aan het zingen is, kan er van zijn/haar pure fysieke aanwezigheid een grote zeggingskracht uitgaan. En wanneer zangers wordt gevraagd de partijen van hun collega's op het podium of de muziek van een symfonisch intermezzo te bestuderen, krijgen ze daarmee vaak de sleutel tot hun personage in handen. Zo kunnen ze tijdens de uitvoering in een soort trance raken, die hun geloofwaardigheid versterkt wanneer het hun beurt is om te zingen. Ze gaan daar dan zo in op dat ze zelfs vergeten dat ze aan het zingen zijn, en vaak verdwijnt de stress over het al dan niet optimaal functioneren van hun stembanden door hun intense betrokkenheid bij het drama als geheel.

Een productie waarin deze methodiek zich bij uitstek manifesteerde, was Händels *Tamerlano*, die ik in 2000 ensceneerde in het baroktheater van slot Drottningholm in Zweden. Achter de gekunsteldheid van de historische personages gaat een wreed verhaal schuil over zelfvernietiging, met als aanjager een verwoede strijd tussen wanhopige ego's. Het is de meest tijdloze tragedie die maar denkbaar is. Mijn idee was dat deze op zich al grimmige opera van Händel nog grimmiger moest worden gemaakt om de complexe boodschap te laten aankomen.

Mijns inziens moet het oog deze tragedie op zeker moment beleven in de meest lege ruimte. Ter omlijsting van de laatste stadia van het eindspel van een *huis clos* met zes personages die permanent in gemartelde staat verkeren, moet een leegte worden gecreëerd. Om dat te bereiken, moet je de verleiding om de context toe te lichten weerstaan en de ruimte het grootste deel van de opera afgesloten laten, om een labyrint van de ziel te suggereren. Dan, tijdens een cathartisch keerpunt, verdwijnen de muren van het labyrint ineens, waardoor de personages van formaat lijken te veranderen. Ze worden kleiner, eenzamer, ze krimpen voor onze ogen als vissen op het droge, waar ze een trage dood sterven op de kale planken. Voor mij is dat een van de manieren om de kracht van onze kunstvorm eer te bewijzen. De boodschap is gelegen in de stiltes tussen de woorden. Stilte wordt verbeeld door een leegte die alleen extreem kale utiliteitsbouw kan oproepen.

Er is een andere, ogenschijnlijk diametraal tegenovergestelde benadering die in mijn werk een tijdlang een grote rol heeft gespeeld. Ogenschijnlijk, want hoezeer deze aanpak ook in strijd lijkt met wat ik zojuist heb beschreven, in wezen is het alleen maar een andere manier om het drama terug te brengen naar (een variant van) het lege toneel. Ik doel nu op de vele producties die ik heb geregisseerd waarvoor ik beeldend kunstenaars uitnodigde om het toneelbeeld te ontwerpen.

Zo'n samenwerking is altijd evenzeer bevrijdend als frustrerend; aan de ene kant worden de mogelijkheden erdoor beperkt, terwijl het anderzijds de verbeeldingskracht stimuleert. Een van de meest geslaagde uitkomsten is dat er materialen en kleuren bij het muziekdrama worden betrokken die het losmaken uit de sfeer van het alledaagse en op een hoger plan brengen.

Als het gaat om muziektheater, moet een beeldend kunstenaar worden bejegend als een soort tweede componist: hij levert een 'partituur', die de regisseur vervolgens tot leven tracht te brengen, terwijl deze ondertussen zelf primair de narratieve behoeften van de opera in kwestie dient. Dit is niet een werkwijze waarmee elke regisseur uit de voeten kan, maar ze heeft mij geholpen om mogelijkheden te ontdekken die vaak ook bij andere producties van onschatbare waarde bleken.

Eerder had ik het over muziek als versleutelde tekst. Een beeldend kunstenaar is ook iemand die een tekst versleutelt, maar dan in een beeldend 'statement'. Toen Anish Kapoor – die het decor ontwierp voor de productie van *Pelléas et Mélisande* [afb. 9, 31] die ik bij de Brusselse Munt regisseerde – me een rode vorm liet zien die deed denken aan de binnenkant van een oor en, paradoxaal genoeg, ook aan een oog of de binnenkant van een baarmoeder, had ik in eerste instantie geen idee wat ik ermee aan moest. Hijzelf evenmin.

Dagenlang zat ik naar dat beeld te staren, totdat ik op het idee kwam om het zowel aan de binnenkant als aan de buitenkant te gebruiken. Daarmee was ook meteen een tweedeling in de opera zelf bepaald: enerzijds de verhalende scènes die een zeer concreet en bijna realistisch gehalte hadden (een verticale beweging door het kasteel, van de toren naar de ondergrondse tunnels), anderzijds bepaalde momenten in de handeling, zoals de scène waarin Pelléas en Mélisande bij een bron met Golauds ring spelen.

Zo vond ik een overtuigende manier om deze krachtige sculptuur zowel het dramatische als het surrealistische karakter van de opera te laten ondersteunen. Ik legde mijn plannen voor aan Kapoor, die zijn ontwerp zodanig aanpaste dat het een bruikbaar decor opleverde, terwijl de metafysische kracht van dit abstracte symbool behouden bleef. Tijdens het hele proces voelde ik me volkomen vrij om een muzikale reis te verzinnen waarin door Kapoors beeld nieuwe lagen aan het verhaal werden toegevoegd. Het beeld werd als het ware een nieuw personage op het toneel, waardoor de nachtmerrie werd uitvergroot en het streven naar het sublieme op een geëigende manier werd bemoeilijkt. Het maakte het makkelijker de strekking van het stuk te verhelderen: medelijden met de menselijke soort (zoals de oude Arkel uitlegt), aanvaarding en vergiffenis. Het verbeeldde de pijn van het menselijk bestaan, het mysterie van de baarmoeder als een bakermat voor nieuw leven, de blindheid en doofheid van de mensheid en ten slotte de vloek van de bloedband

Zonder het ontwerp van Anish Kapoor was ik tevergeefs blijven zoeken naar de sleutel tot dit geweldige werk. Ik kende en bewonderde het al mijn hele leven, maar ik leerde het beter te doorgronden door de blik van een kunstenaar. Wat ik hiermee vooral wil zeggen, is dat de visie van een kunstenaar je kan dwingen nieuwe metaforen te ontsluiten. In dit geval hielp het me bovendien om het verhaal te koppelen aan dat van Blauwbaard. Wonderlijk genoeg had nog nooit iemand eerder dit verband gelegd. We ontmoeten Golaud, verzamelaar van vrouwen (en pathologisch jaloers), en Pelléas, zijn melancholieke broer. Beiden vechten tegen de vloek die rust op de ontwrichte familie waartoe ze behoren – een familie met een verborgen verleden, gevangen in een vicieuze cirkel die deze vloek tegelijkertijd onthult en toedekt.

Soms lijkt het alsof de visie van een kunstenaar zo nadrukkelijk aanwezig is dat ze een opera de das om doet. Zo werd het decor dat Karel Appel voor mijn regie van *Die Zauberflöte* had ontworpen, in eerste instantie bestempeld als 'opdringerig'. De productie werd negatief ontvangen door de pers, en er waren nog vele jaren en een aantal reprises voor nodig om de enscenering optimaal af te stemmen op Mozarts meesterwerk. Toch werd ze pas ten volle geapprecieerd toen ze haar reis beëindigde in Salzburg, de geboorteplaats van Mozart. Daar werd onze interpretatie – waarin dit duistere sprookje over verlichting en liefde werd verweven met circusachtige strapatsen – als volstrekt valide onthaald. En al leverde de productie mij geen nieuwe sleutel op tot de personages, het was een leerzame ervaring, waarmee ik in de toekomst graag mijn voordeel wilde doen.

Die gelegenheid diende zich tien jaar later aan, toen ik tweemaal samenwerkte met de Duitse post-expressionistische kunstenaar Jonathan Meese. Zijn werk is druk, ruw, polemisch, gewaagd en wemelt van de groteske gebaren. Meese tekende voor het decor van mijn enscenering van zowel de eerdergenoemde opera *Dionysos* van Wolfgang Rihm als de Franse barokopera *Médée* van Marc-Antoine Charpentier.

De ontwerpen voor *Médée* **[afb. 10]** waren behoorlijk uitdagend, maar uiteindelijk hielpen ze recht te doen aan het fascinerende, wonderlijk hybride karakter van dit werk, doordat ze een van de treurigste Griekse tragedies van begin tot eind van zwarte humor doortrokken. De essentie van de opera kan worden verwoord in één zinnetje, dat in onze productie op het voordoek was geschilderd: *L'amour c'est moi* ('Ik ben de liefde'). Médée's wraak op haar man Jason impliceert een idee over liefde en ego dat deze tragedie van de wraak een mythische lading geeft, waarin de kunst tegen het leven wordt afgezet en materialisme tegen de ouderschapsbanden. Meese's aanpak was uitgesproken barok, maar refereerde geen moment aan de baroktijd (waarin Médée werd geschreven) en creëerde een eenentwintigste-eeuws equivalent. Als iemand die de taal van de barok tot haar zuiverste kern heeft afgepeld, heb ik mezelf voor deze ene keer (en met veel plezier) toegestaan dit operaballet met een volstrekt nieuwe visuele dramaturgie te 'overschrijven'. Het resultaat was een perfecte match.

Aan het begin van deze lezing had ik het over de *Gurre-Lieder*, een werk dat een drama suggereert dat diep in de autobiografische psyche van een componist verborgen zit; een werk dat bovendien niet bestemd was voor het podium, terwijl het toch van zo'n intense theatraliteit is. Ik wil eindigen met een voorbeeld dat ontleend is aan een werk dat evenmin specifiek bedoeld was om als muziekdrama te worden uitgevoerd en dat ik in 2000 heb geënsceneerd.

De Frans-Canadese componist Claude Vivier werd in 1983 op tragische wijze in Parijs vermoord door een man die hij op straat had opgepikt. Hij werd 37 keer gestoken met een dolk. Op zijn bureau lag een onvoltooid werk voor synthesizer, sopraan en ensemble (*Glaubst du an die Unsterblichkeit der Seele*), met een tekst die met name zo schokkend was omdat Vivier hierin zijn eigen dood voorspelde en een vrijwel exacte beschrijving gaf van de moord zoals die daadwerkelijk had plaatsgevonden. Nooit was ik zo dicht het punt genaderd waar kunst en leven elkaar in zo'n innige verbondenheid kruisen. Het was ijzingwekkend. De boodschap: een andere kijk op de ellende van ons bestaan. En als jullie me nu zouden vragen: is er hoop?, dan zou mijn antwoord luiden: zolang we kunnen laten zien dat muziektheater zo'n soort relevantie kan vertonen, hebben we de plicht om het te omarmen, als herscheppers niet minder dan als publiek.

De hoop is gelegen in de voortdurende bevestiging van die relevantie. Daaruit put ik de inspiratie voor mijn persoonlijke gedrevenheid en het enthousiasme waarmee ik jullie hier deelgenoot wil maken van een aantal ontdekkingen die ik tijdens mijn eigen verkenningstocht heb gedaan.

PIERRE AUDI

11 Das Rheingold (1997/98)

14 Götterdämmerung (1998/99)

12 Die Walküre (1997/98)

13 Siegfried (1997/98)

TRANSFORMATIONS

Transformeren, transformatie: oppervlakkig beschouwd verstaan we hieronder een verandering, en dan ten goede, of ook: het herscheppen van iets vormeloos door het een specifieke vorm te geven en er zodoende bepaalde betekenislagen aan toe te voegen. Toegespitst op het artistieke domein kan het bijvoorbeeld gaan om een partituur of een tekst uit het verleden die we een transformatie laten ondergaan om de bestaande gedaante te vernieuwen, 'op te frissen' en zodoende de zeggingskracht die het werk nu kan hebben, te vergroten. Ook kan het gaan om een idee dat we als het ware onthullen door het te vertalen in een concrete ervaring. Je kunt het vergelijken met een trein waarachter een andere trein schuilgaat, terwijl ze zich in hetzelfde tempo voortbewegen. In het geval van niet-narratieve opera's kunnen we zo'n transformatieproces ongeveer als volgt omschrijven: we gaan uit van een idee – een bron, een 'droom' – en geven dat vorm door een theoretische exercitie gestalte te geven in een dynamisch, expressief handelingsverloop. Bovendien is het een manier om het basismateriaal zodanig te organiseren dat het, omwille van zijn relevantie, toegankelijker wordt en een breder publiek kan aanspreken.

Bekijken we het werkwoord 'transformeren' vanuit een wat ander oogpunt, dan kunnen we het in twee elementen opdelen: trans en vorm. We zullen ons nu eerst op dit begrippenpaar concentreren, omdat ze bijzonder relevant zijn voor onze gedachtewisseling over het muziektheater.

Trans: deze notie roept het idee op van een reis, een ervaring met grootse bedoelingen. We transformeren onze verwachtingen om getuige te worden van iets totaal nieuws; we worden deelgenoot van een ritueel dat ons zowel zintuiglijk als intellectueel uitdaagt. Het begrip 'trans' zingt ons als het ware los van de realiteit en verplaatst ons naar een fantasiewereld; wat voorafging, wordt verworpen en wat erna komt, geldt als een nieuw referentiekader dat maakt dat we ons richten op iets wat ons eerder onverschillig liet, waardoor we de emotionele relevantie ervan kunnen ontdekken.

Vormen zijn patronen die we gebruiken om het dagelijks leven overzichtelijk te houden, onze deelname aan het menselijk bedrijf te filteren. Zowel in het openbaar als privé zijn we constant bezig om, vanuit alles wat ons omringt, een 'theater van de wereld' te creëren. We laveren voortdurend tussen waarheid en leugens. We drogeren onszelf met de waarheden en leugens van anderen. We zijn onafgebroken bezig ons bestaan om te vormen tot iets beters, betekenisvollers, begrijpelijkers, en ondertussen worstelen we met krachten die ons geregeld een terugslag bezorgen en ons soms ook met een afgrondelijke wanhoop confronteren. Bij wijze van toevlucht verliezen we ons in vragen die het mysterie van ons bestaan uitmaken. Bij velen speelt godsdienst een bedenkelijke of zelfs gevaarlijke rol bij het beheersen van onze hoop en angsten. Van diepgaander invloed is onze houding tegenover ons vermogen tot ware creativiteit. Opgelost of onopgelost – deze kwesties houden ons onbewust vrijwel altijd bezig.

Kunst is het gebied waarop al deze ervaringen met elkaar verweven raken en onze onverschilligheid uitdagen. We voelen ons aangesproken en zijn tegelijkertijd bang. We willen voyeurs blijven, passief blijven toekijken, maar soms worden we gedwongen om positie te kiezen. Plotseling bevinden we ons in een situatie waarin we openstaan voor transformatie. Dan lijken er antwoorden op latente vragen op te doemen of gebeurt er juist het tegenovergestelde: het mysterie wordt dieper en groter. Verloren en angstig slaan we op de vlucht.

Net als alle andere kunstvormen zou opera ons kunnen leren onze angsten te beheersen. Opera kan een boodschap uitdragen die het leven van de individuele mens overstijgt. Een opera-uitvoering kan ons inspireren om hoop te koesteren, in actie te komen, ons begrip te vergroten. Ze kan ons vermogen transformeren om grote emoties en complexe verhalen te hanteren. De mogelijkheden zijn oneindig, immens en eindeloos. Met afschuw of diepe ontroering herkennen we een nieuwe realiteit in een kunstmatige vorm. We worden ertoe aangespoord om te reageren.

Niet veel anders dan de schilders en beeldhouwers hadden de componisten in de Renaissance het idee dat zij zich met het heden bezighielden terwijl ze de mythen van het verleden herinterpreteerden. Een mythe was een excuus om de wereld die de kunstenaars omringde te sublimeren. Dergelijke herinterpretaties kunnen ons om esthetische redenen nog steeds boeien, maar alleen de kunstwerken die hun intrinsieke schoonheid overstijgen, zijn doordrenkt met een tijdloze transparantie die ons blijft ontroeren. Vermeer en Rembrandt transformeren onze ideeën over kunst als weergave van de werkelijkheid. Hun poëzie van de vorm, het trefzekere vakmanschap en hun vernieuwingsdrang brengen ons in een soort trance, waardoor we in intiem contact raken met meer dan de kunst van het schilderen.

Hetzelfde kan gezegd worden over muziek en theater. Met dien verstande dat bij muziek en theater de kwaliteit van de uitvoering en de herinterpretatie van doorslaggevend belang zijn. Het zijn veeleisende, arbeidsintensieve en complexe kunstvormen, die een hoop heisa vergen om überhaupt te kunnen bestaan en die vervliegen zodra ze in contact komen met een publiek.

Wanneer je je hiervan rekenschap geeft, vraag je je af hoe het mogelijk is dat we vandaag de dag nog steeds het voorrecht genieten om zulke intieme, unieke voorstellingen te kunnen bijwonen, die bovendien per definitie niet voor een groot publiek kunnen worden uitgevoerd, maar afhankelijk zijn van de nieuwsgierigheid van de betrekkelijk kleine schare mensen die de aantrekkingskracht en het belang inzien van deze live uitgevoerde kunstvormen.

Nogmaals, de meesterwerken die de tand des tijds hebben doorstaan, zijn het werk van pioniers – kunstenaars die ontdekkingen en herontdekkingen hebben gedaan en die de invloeden van andere kunstenaars hebben getransformeerd en vertaald om nieuwe gebieden te ontginnen, met het onvermijdelijke risico door hun tijdgenoten verkeerd te worden begrepen. Bijna alle grote kunst is ontstaan in strijd met de traditie, is bijna altijd opstandig, weerbarstig en politiek incorrect; en kreeg pas na verloop van tijd de gelegenheid om effectief en relevant te zijn en uiteindelijk begrepen te worden.

Als er iets is wat ik sinds mijn aantreden als leider van DNO heb geleerd, dan komt dat doordat ik getuige ben geweest van het transformatieproces dat de waardering van een bepaalde samenleving voor een bepaalde kunstvorm kan ondergaan. Juist in de landen waar de opera vierhonderd jaar geleden ontstond, is dit proces allerminst gladjes verlopen. In Nederland daarentegen – waar men in principe niet erg gediend is van grootse emoties –, hebben we zeker baat gehad bij het feit dat de operatraditie hier nog betrekkelijk jong is – vijftig jaar geconcentreerde reflectie op de kunstvorm die zich internationaal op het hoogtepunt van zijn woelige gang naar volwassenheid bevond. Want in de twintigste eeuw begint de opera zijn potentieel pas ten volle waar te maken door zichzelf ter discussie te stellen en al doende zijn erfgoed opnieuw kritisch te bezien, door dit te toetsen aan de maatschappij, het politieke leven, de opmars van de moderne tijd en haar preoccupatie met technologische vooruitgang en morele relevantie. Waarbij we trouwens niet moeten vergeten dat Mozart, Gluck, Verdi en Wagner stuk voor stuk 'politieke', maatschappelijk geëngageerde componisten waren; componisten die reageerden op de wereld om hen heen en zich actief in de toenmalige debatten mengden.

Tegenwoordig maken we ons, meer dan toen ik hier in 1988 begon, zorgen over de kunstvormen die, zoals opera, alleen kunnen voortbestaan bij de gratie van live-uitvoeringen. Hebben we ze nodig? Houden we van ze? Vinden we ze belangrijk genoeg om voorstellingen te willen bijwonen?

Een van de redenen waarom ik hier nu sta, is dat ik ervan overtuigd ben dat al deze vragen met een hartstochtelijk 'Ja!' beantwoord moeten worden. Toch moet ik bekennen dat ik als artistiek leider zowel als regisseur de afgelopen decennia geregeld door – gezonde – twijfels ben overvallen. Maar deze twijfels zijn ook de reden dat ik doorga met experimenteren en het verkennen van andere routes om het enige echte doel te bereiken: een Heilige Graal, die in feite een spiegel is die wordt voorgehouden aan onze ziel, ons geweten als mens, onze compassie als publiek, als gemeenschap. Ik ben er stellig van overtuigd dat opera en muziek in het bijzonder een voordeel hebben ten opzichte van de andere kunstvormen: de kennismaking met soms slechts een paar minuten van een partituur kan emotioneel en zintuiglijk zo'n ingrijpende ervaring zijn dat ons bewustzijn erdoor getransformeerd wordt, soms met ingrijpende gevolgen. Het feit dat ik dit geregeld zelf heb ondervonden, is de tweede reden waarom ik nog niet klaar ben met mijn werk op dit gebied, en ik vermoed dat het ook nooit zover zal komen.

De belangrijkste reden kan met één woord worden samengevat: transformatie. Wat ik ervoer toen ik als jongen een *Tristan und Isolde* uitzat, was eenvoudigweg te overweldigend, en hoezeer deze ervaring mijn levensloop ook heeft veranderd, van zoiets als het doorgronden van het menselijk bestaan was destijds beslist nog geen sprake. Dat ik vervolgens ontdekte dat elke componist, van Monteverdi tot Berg en daarna, eenzelfde zoektocht had doorgemaakt, heeft me ertoe aangezet om mijn eigen ervaringen te willen delen en anderen te leren dit op hun beurt ook te doen.

Dit is des te urgenter, omdat we zo vaak te horen krijgen dat we lui moeten zijn, krenterig met onze tijd en ons geld, de kantjes ervan af moeten lopen, de kortste weg moeten nemen en alles moeten schuwen wat riekt naar poëzie en complexiteit. Maar de podiumkunst zou een bevoorrechte plaats in ons bestaan moeten innemen. Ze vormt een weerwoord op allerlei gemakzuchtige trends. Ze helpt ons onszelf beter te begrijpen en leert ons in te zien dat we deel uitmaken van een lange traditie, die zich eindeloos herhaalt en zichzelf steeds opnieuw uitvindt. Daarom is het voortbestaan van opera als podiumkunst ook van cruciaal belang, en zolang de opera in staat is zichzelf te blijven vernieuwen, zal hij nooit zijn speciale positie ten opzichte van de andere kunstvormen verliezen.

Wat we in deze serie masterclasses proberen na te gaan, is wat de mogelijkheden zijn voor jonge zangers, regisseurs en dramaturgen om zich sterk te maken voor dit gezamenlijke streven – het behoud en dus de constante vernieuwing van opera als podiumkunst. Ja, we worden allemaal gedreven door dezelfde passie en hetzelfde besef van urgentie, en dat maakt de transformatie die voor ons ligt, in één opzicht gemakkelijker, in een ander opzicht juist moeilijker. Elke zanger of vertolker is een actor in dit transformatieproces. Hij of zij neemt de verantwoordelijkheid op zich om ervoor te zorgen dat wij werkelijk gegrepen worden door een klank, een personage, een verhaal. De invulling van hun rol is van vitaal belang voor de communicatie tussen zangers en publiek en om uiteindelijk een gevoel van catharsis te bereiken. De opbouw van deze heftige, emotionele spanning is een noodzakelijke voorwaarde om ons dusdanig bij de gebeurtenissen op het toneel te betrekken dat we onze onverschilligheid afschudden.

Er zijn veel factoren die de professionele nederigheid van iedereen die bij het operabedrijf is betrokken, evenzeer tot een logisch gevolg als een noodzakelijke voorwaarde maken. Deze nederigheid is even cruciaal als het geloof is voor een monnik, en het is een zeer belangrijke, onuitgesproken vereiste voor de veerkracht van opera – een garantie voor zijn uitmuntendheid en daarmee de pijler van zijn toekomst. Hoe kan een regisseur een op zich levenloze partituur transformeren in muziektheater waar niemand omheen kan? Hoe kan een dirigent ervoor zorgen dat de muziek in kwestie zo wordt uitgevoerd dat het lijkt alsof ze ter plekke wordt gemaakt door een stem die koste wat kost moet worden gehoord? Hoe kan een zanger of zangeres – bezield door zo'n diepe liefde voor de muziek en het personage dat hij of zij vertolkt – de absolute concentratie en betrokkenheid van de toeschouwer afdwingen? Hoe kunnen de gezamenlijke inspanningen van een ensemble een heel publiek in de ban krijgen?

Door de opkomst van het concept-theater, waarin een productie in mindere dan wel meerdere mate door één bepaald concept wordt gedomineerd, is een ander aspect van het fenomeen transformatie scherper naar voren getreden. Een regisseur is degene die met zijn of haar team wordt uitgenodigd om een stuk van onder tot boven tegen het licht te houden en het vervolgens op zo'n verrassende manier te vertellen dat het origineel erdoor op zijn mogelijkheden wordt beproefd en hopelijk verhelderd.

In mijn eerste lezing heb ik uiteengezet dat ik me bij mijn eigen producties vooral laat leiden door de kunst van het weglaten: een proces van reductie en toenemende naaktheid waardoor het skelet van een stuk wordt blootgelegd in plaats van het in de nieuwe kleren van de keizer te hullen. De diepgang van zo'n transformatieproces heb ik nog het meest ondervonden toen ik me met het barokrepertoire ging bezighouden.

De in barokopera's veelvuldig voorkomende da-capo-aria (een muzikale vorm die berust op het principe van de herhaling) dwingt de regisseur ertoe het verhaal op zo'n manier te interpreteren of ook te manipuleren dat het in een nieuwe gedaante tot leven komt, een werkwijze die ik heb toegepast in Händels *Tamerlano* en *Partenope* en Vivaldi's *Orlando furioso*. Zo wordt het sterk solistische karakter van de barokopera (met soms wel twintig solo-aria's en niet meer dan een handvol duetten, trio's of ensembles) daadwerkelijk tegengegaan, doordat de volledige cast actief betrokken raakt bij grote delen van de opera waar ze volgens de oorspronkelijke partituur niet op het toneel hoeven te verschijnen. Het voordeel van één enkele ruimte (die zowel van binnen als buiten te zien is) is dat alle personages in die ruimte de kans krijgen om het verhaal te vertellen. Als het visuele aspect van de enscenering dan bovendien een zekere soberheid ademt, komt dit de dramatische kracht zeker ten goede, waardoor de catharsis een des te diepere emotionele impact kan hebben.

Terwijl ik er dus voor koos om de oude magie van barokke visuele transformaties terzijde te schuiven om door te dringen tot de kern van het drama en ten volle te profiteren van de inbreng van de zanger-acteurs, merkte ik tot mijn verrassing dat dergelijke magische visuele transformaties in een volstrekt onverwachte context begonnen op te duiken in mijn eigen beeldtaal: nieuwe opera's uit het eind van de twintigste eeuw. In mijn producties van Guus Janssens en Friso Haverkamps bizarre opera's *Noach* en *Hier°*, Rihms *Dionysos*, *Gisela!*, de laatste opera van Hans Werner Henze, en *Penthesileia* van Pascal Dusapin kon de zeer fysieke (bijna acrobatische) acteerstijl die van de zangers werd gevergd, alleen maar tot een geslaagd resultaat leiden in combinatie met een weelderige, fantasierijke vormgeving. Het avantgardistische karakter van de muzikale werelden die deze componisten hadden gecreëerd, vereiste subliminale en veellagige beelden om de impact van de vaak surrealistische en het onderbewustzijn prikkelende verhalen te vergroten.

Tot slot, terugkijkend op het thema transformatie, is het derde en laatste pad dat ik met veelvuldige en significante tussenpozen heb bewandeld, de variant die bestaat uit de fundamentele heroverweging van de toneelruimte en de relatie tussen de uitvoerenden (zangers en orkest) en het publiek. Door alle ingrediënten van de voorstelling bloot te leggen, schaffen we de *golfo mistico*, de orkestbak, af en creëren binnen in het theater een nieuw theater, dat tevens de notie 'decor' tenietdoet en de mogelijkheid biedt om te spelen met een scala aan perspectieven dat niet onderdoet voor dat van de film: de 'close up', het 'wide shot', het panorama-shot en zo meer. Bovenal vergroot deze werkwijze de mogelijkheden om theater tot een meeslepende ervaring te maken, waarbij het publiek veel meer muzikale nuances kan ontwaren en het besef van alle theatrale lagen die het werk rijk is, wordt verdiept.

Alle drie de benaderingen transformeren het oorspronkelijke werk door een opeenvolging van keuzes omtrent wat 'niet te doen' om tot onder de oppervlakte door te dringen en onbekende betekenissen en nieuwe waarheden te verkennen. Alle drie laten ze zien dat het begrip interpretatie in de context van het muziektheater op meer dan één manier kan worden ingevuld. In de eenentwintigste eeuw moeten we zoeken naar oplossingen 'op maat', ons steeds weer van het algemene losmaken om ons op het specifieke te richten.

Elke regisseur bakent zelf het gebied af dat hij of zij zich eigen wil maken. De vrijheid wat betreft de interpretatie vloeit rechtstreeks voort uit de openheid van het materiaal en het persoonlijke karakter van veel opera's. Maar soms wordt een transformatie zo dwingend doorgevoerd dat ze een nieuwe waarheid aan het stuk oplegt. Deze werkwijze is hoe dan ook een aanval op een kunstvorm die per definitie niet de pretentie heeft zich tot één enkele waarheid te beperken.

Muziektheater is het drama van het onbewuste, dat in een bepaalde vorm gestalte krijgt. In dat opzicht is het dus legitiem om een stuk in een zeer dwingende interpretatieve mal te gieten. In dromen en nachtmerries is alles geoorloofd. Tijd is zeker geen lineair verschijnsel. Hele werelden worden gedeconstrueerd en kunnen over zo ongeveer alles gaan. Theoretisch is een regisseur gerechtigd om, met zijn of haar eigen verbeeldingskracht, een opera vanuit de muziek of de tekst te transformeren op een manier die de oorspronkelijke componist nooit had kunnen bedenken. Zulke ingrijpende interpretaties kunnen een hedendaags publiek soms des te indringender aanspreken.

Het zijn deze veelzijdige tendensen in de ontwikkeling van het muziektheater die het noodzakelijk maken om de programmering van een operahuis dynamisch, pluriform en vernieuwend te houden, zonder de kernwaarden die ermee gemoeid zijn aan te tasten. Een daarvan is uiteraard het streven naar de hoogste muzikale kwaliteit.

Zoals gezegd heeft de dirigent een belangrijke functie bij de uitwerking van het regieconcept, en als het goed gaat, zal hij de regisseur helpen zijn ideeën verder te ontwikkelen, zodat de specifieke sfeer en de narratieve opbouw van de productie muzikaal en theatraal optimaal uit de verf kunnen komen. Pas wanneer beider inspanningen werkelijk met elkaar verweven zijn, kan het ware muziektheatervuur ontvlammen. En het zijn die bezielende momenten waarvan we hopen dat ze de verwachtingen van het publiek dusdanig transformeren dat het wordt meegenomen in een ware happening, een wonder, een bevestiging van het bestaan.

Zoals Heiner Goebbels in zijn lezing stelt [zie p. 72], ligt voor hem de waarheid in het herdefiniëren van het niet-narratieve materiaal. Hij bouwt zijn verhaal op uit beelden waarin het mysterie oppermachtig is. Als publiek moeten we onze zintuiglijke en intellectuele functies ten volle inzetten. Zo worden wij zelf dan de regisseur, die ogenschijnlijk vormloze structuren tot een geheel maakt. Het succes van Goebbels is gelegen in zijn fervente overtuiging dat opera als conventionele kunstvorm ons niets meer te bieden heeft. Aan de ene kant heeft hij gelijk. Anderzijds heeft het schitterende werk van vele meer verhalend te werk gaande regisseurs zijn ongelijk bewezen. Maar het is de combinatie van beide benaderingen waarin mijn eigen passie voor het huidige muziektheater ligt. Ik wil dat de kaarten voortdurend op- nieuw worden geschud, omdat de spannende ontwikkelingen van de afgelopen decennia lijken te suggereren dat we op de drempel staan van baanbrekende veranderingen. Ik wil geloven dat het tijdperk van de transformaties nog maar net is aangebroken.

PIERRE AUDI

15 L'Orfeo (2007/08)

MYTHOLOGIE
RITUELEN EN OPERA

16 Il ritorno d'Ulisse in patria (2007/08)

17 L'incoronazione di Poppea (2007/08)

Het muziektheater vindt zijn oorsprong in de Griekse tragedie. Griekse tragedies behelzen de confrontatie van de toeschouwer met emotionele narratieven waarin de broosheid van de mens tot uitdrukking wordt gebracht en diens machteloosheid in de strijd met de goden. In de meeste opera's wordt dit sjabloon gebruikt om onze eeuwige vragen omtrent het mysterie van het menselijk bestaan tot uitdrukking te brengen, waarbij de muziek dan tot doel heeft de toeschouwers dusdanig in vervoering te brengen dat ze de grotere en diepere thema's achter het verhaal ten volle kunnen ervaren. Bij de Grieken stond het streven naar catharsis centraal. Opera (indien succesvol uitgevoerd) kan dat doel vrij gemakkelijk bereiken, doordat ze ons ertoe aanzet de spirituele kracht van ritualistisch theater te ondervinden en te begrijpen; zo worden we dan teruggeslingerd naar onze allereerste oorsprong. We blijven onthutst achter, worstelend met vragen als: wat heeft dit drama met ons te maken, met de gevaren waarvoor het menselijk bestaan ons stelt, met ons moderne leven, met de toekomst van onze samenleving, met de toestand waarin onze planeet verkeert?

Monteverdi en Cavalli zijn de grondleggers van de opera zoals wij die kennen, en de thema's die in hun werk centraal staan – mythe en geschiedenis – inspireren componisten tot op de dag van vandaag. Honderden jaren voordat Wagner zijn *Ring*-cyclus componeerde, hebben deze Venetiaanse meesters al diverse taferelen met kibbelende goden op muziek gezet. Brünnhildes verdriet om Siegfried werd voorafgegaan door Orfeo's klaagzang, en de cultus van de antiheld waarin Giuseppe Verdi zich specialiseerde, kan worden herleid tot de bedrieglijke Ulysses en de tirannieke Nero.

Mythen zijn verhalen die de breuklijnen tussen mensen en goden in kaart brengen. Beide werelden worden als afzonderlijke entiteiten behandeld en vaak aan elkaar gespiegeld. Door de goden een stem te geven konden toneelschrijvers het horizontale conflict tussen personages een verticale dimensie geven, en deze verticale dimensie heeft de traditie van opera als schouwspel helpen vestigen, een theater van beelden die het verhaal vanuit verschillende niveaus vertellen. Tekst en muziek hadden een visuele vorm nodig om hun uitdrukkingskracht te versterken en riepen de onontkoombare behoefte op aan gestileerde bewegingen om het schouwspel inhoudelijk te verdiepen. Zo waren de ingrediënten van wat we zijn gaan verwachten van een opera-ritueel, al van meet af aan duidelijk.

Het is vooral deze rituele dimensie die vrijwel alle opera's die we ons maar kunnen voorstellen, met elkaar gemeen hebben. Elke componist van wie ik ooit een werk voor het podium heb gehoord, had of heeft op de een of andere manier een fascinatie voor rituelen. Rituelen bieden structuur, kanaliseren onze verwachtingen, verbinden het spirituele met het politieke. Rituelen kunnen weerstand oproepen of worden omarmd; ze kunnen het eenvoudigste existentiële gebaar in verband brengen met de meest complexe verbeeldingen van gebeurtenissen in het publieke domein. Kortom: rituelen zijn het allerbelangrijkste gereedschap dat componisten van oudsher hebben gebruikt om hun opera-mythen te creëren.

Er zijn talloze voorbeelden van opera's die als rituelen worden verteld – de ondergang van Don Giovanni, de dood van Simon Boccanegra en Boris Godoenov, de val van Floria Tosca, de zelfmoord van Wozzeck, de dood van Marie in *Die Soldaten*, het lot van Nietzsche in Rihms *Dionysos*, de dood van Klinghoffer in John Adams gelijknamige opera, van Athanasius Kircher in *Theatre of the World* van Louis Andriessen, of van Saint François d'Assise in de opera van Messiaen; de afdaling van Orfeo in de onderwereld, de terugkeer van Ulysses, de kroning van Poppea – de lijst is eindeloos. Al deze opera's zijn dramaturgisch gecomponeerd en gestructureerd als een muzikaal ritueel dat zich ontwikkelt vanuit een elementair besef van ceremonie en theatraliteit. Als toeschouwer zitten we klaar om ons te laten meeslepen door al die doodsrituelen en ervan te genieten als verheffende ervaringen.

In de meeste gevallen worden we geconfronteerd met de afgrondelijke eenzaamheid van de mens, de bestierende hand van God en de wreedheid van het lot. We krijgen stof tot nadenken over samenlevingen die – vaak als gevolg van onverdraagzaamheid en hebzucht – ontwricht zijn.

Terwijl de allereerste opera's vooral gebaseerd waren op mythologische thema's, hebben componisten hun materiaal vervolgens ook geput uit een breed scala aan andersoortige gegevens, zoals sprookjes, bijbelse vertellingen en krantenberichten. Ik vermoed dat het niet lang meer zal duren of er komt een opera over een fanatieke operaliefhebber die ervan droomt dat zijn as in de orkestbak van zijn favoriete operahuis belandt – ook al geloof ik niet dat zo'n gegeven veel spiritueel of emotioneel potentieel zou bevatten. Toch is zo'n anekdote wel tekenend voor de mate waarin operaliefhebbers zich het hoofd op hol kunnen laten brengen als ze worden meegesleept door een ritueel. We moeten er dan ook voor waken dat operahuizen verworden tot plekken voor religieuze erediensten. Het zijn in de eerste en laatste plaats theaters, die zich beter kunnen wijden aan vernieuwing dan aan conservatieve herhalingsoefeningen. Opera als een heilige kunst is ten dode opgeschreven. Nostalgie is een doodsvijand van de vooruitgang. De uitdaging waarvoor we staan, is veeleer: kunnen we in het huidige tijdsgewricht een plaats inruimen voor rituelen? Zo ja, wat kunnen we verwachten als we ons een toekomst van opera-mythen voorstellen die zich honderd jaar na nu afspeelt?

Wanneer we met onze huidige inzichten en gevoelens terugkijken op vierhonderd jaar operageschiedenis, moeten we goed beseffen dat het nog maar vijftig jaar geleden is dat voor het eerst de gedachte opgang maakte dat opera's kunstwerken zijn die geïnterpreteerd moeten worden. Dat gebeurde toen progressieve toneelregisseurs en dramaturgen nieuwe ensceneringsmogelijkheden begonnen te verkennen, die berustten op een grondige analyse van de veelsoortige betekenislagen die in een partituur vervat kunnen zijn.

Honderden jaren lang had het publiek genoten van opera's die bovenal dienden om de vocale solisten te laten schitteren, zodat deze zelf ook een mythische status kregen. Met hun persoonlijkheid en unieke kunstenaarschap nodigden die allereerste sterren de toeschouwer ertoe uit om het mysterie en de poëzie van de operadrama's te ervaren. Operaliefhebbers waren vooral gespitst op zulke zeldzame momenten, zelfs als er verder niet veel bijzonders gebeurde. De Fransen noemen dit slag vertolkers (zangers en acteurs) *'monstres sacrés'*, heilige monsters: zangers die de catharsis konden belichamen waar de Grieken naar op zoek waren. Het is dan ook geen toeval dat Maria Callas, de grootste tragédienne aller tijden, Grieks was. De betekenis van Callas als personificatie van mythe en opera is immens, en haar volstrekt unieke persoonlijkheid zal nog vele generaties blijven achtervolgen. Want hoe experimenteel de opera zich ook heeft kunnen ontwikkelen, er zal altijd ruimte blijven voor het zeldzame charisma dat het publiek dichter bij een zanger(es) kan brengen die het ritueel overstijgt en de essentie van een heel werk weet uit te dragen. Toch is het zonder meer duidelijk dat de toekomst van deze kunstvorm nooit zal worden gewaarborgd door de cultus van heilige monsters.

Terwijl zangers vaak in staat zijn grote uitdagingen aan te gaan, is het systeem erop gericht de sterren te beschermen en hen te isoleren van degenen die bereid zijn hun rol vanuit het niets op te bouwen en uit te diepen. De bijdrage die zangers zelf kunnen leveren aan de invulling van hun rol, zijn voor veel regisseurs niet voor discussie vatbaar. Maar de stem is een mysterieus instrument, dat door elke zanger op zijn of haar eigen manier wordt 'bespeeld'. De meeste zangers zijn dusdanig geconditioneerd dat ze precies weten hoe ze hun vocaal potentieel tot het uiterste kunnen inzetten, terwijl dit niet altijd is wat een uitvoering vereist en mede afhankelijk is van hoe ontvankelijk, veeleisend en fantasierijk de betrokken dirigent en regisseur zijn.

Zeer zelden heb ik oog in oog gestaan met een zanger die zich in al haar/zijn spirituele, muzikale en theatrale naaktheid durfde te laten zien. Om dit punt te bereiken moeten ingesleten gewoontes en automatismen worden afgeleerd, en moeten regisseur en/of dirigent samen met de zangers onderzoeken hoe ze zich de muziek veeleer 'proactief' dan passief eigen kunnen maken. Het is een lang gekoesterde droom van me om een Mozart-opera op deze manier helemaal van het begin af voor te bereiden, want juist zijn muziek kan een bij uitstek 'mechanisch' karakter krijgen. Ze kan zangers in robots veranderen en laat zich niet makkelijk contrapuntisch inkleuren.

Gelukkig verkeert het 'sterrensysteem' in de operawereld in een crisis en kan op dit moment slechts een handvol solisten het soort aandacht afdwingen waardoor elk ander aspect van een productie wordt overschaduwd. Ook mogen we blij zijn dat er inmiddels een jongere generatie makers is opgestaan die juist wel van zins is de toeschouwers zowel zintuiglijk als intellectueel uit te dagen. Onze mythische referenties worden niet meer geïnspireerd door poëtische gestes maar door de simplistische antwoorden die ons dagelijks door de sociale media worden voorgeschoteld. Internet biedt fantastische mogelijkheden, maar heeft ook naargeestige kanten. De verstrekkende invloed ervan heeft vaak tot gevolg dat we ons cool, ironisch en met een botte onbekooktheid moeten gedragen om gunstig voor de dag te komen. Is deze tendens een bedreiging voor de opera? De tijd zal het leren. Vast staat wel dat het tot zestig meesterwerken teruggebrachte operarepertoire ons steeds meer in een wurgende greep zal gaan houden, en het is te hopen dat dit de operawereld ertoe zal aanzetten zich op dit punt meer te spiegelen aan de toneel- en filmwereld en dus vooral naar de toekomst te kijken en het verleden met grotere vrijmoedigheid tegemoet te treden.

Ik vraag me vaak af of ik hiervan nog getuige zal mogen zijn. De discussies hierover zijn nog lang niet uitgewoed en zullen nog heel wat operatradities in twijfel trekken. Uiteindelijk is het de componist die centraal staat in deze kunstvorm; gedurende de afgelopen vier eeuwen zijn het ook steeds weer de grote componisten geweest die de opera hebben gered van een wisse of trage dood. Het stimuleren van componisten die geïnteresseerd zijn in nieuwe rituelen, is van cruciaal belang om baanbrekende ontwikkelingen mogelijk te maken. Gelukkig zal de innige relatie tussen opera en mythologie altijd weer pioniers aantrekken die ook doordrongen zijn van de intieme band tussen het rituele narratief en de muziek.

Ik heb het grote geluk gehad dat ik tijdens mijn werkzaamheden in Nederland van meet af aan het gezelschap heb genoten van een dergelijke pionier, een componist van wie in die periode onder mijn supervisie vijf opera's ten doop zijn gehouden. De pionier op wie ik hier doel, is Louis Andriessen. Zijn werk wordt buiten Nederland nog onvoldoende naar waarde geschat, maar ik ben ervan overtuigd dat zijn belangrijke rol als grondlegger van een vernieuwende opera-syntaxis ooit bredere erkenning zal vinden. Andriessen is in staat om op zich abstract materiaal te vertalen in een dramatische vorm, en in zijn podiumwerken toont hij steeds weer de moed om te worstelen met grandeur zowel als ideeën. We hebben meer componisten nodig die kunnen streven naar dat hogere niveau van expressie – precies het gebied waar mythen worden gecreëerd. Ik wil hier graag verwijzen naar de prachtige lezing van Heiner Goebbels [zie p. 72].

Louis Andriessen is niet een componist die het in zijn opera's graag over de liefde heeft. Toch loopt dit thema als een rode draad door de hele operageschiedenis, en componisten hebben het op zo veel verschillende manieren uitgewerkt dat we ons nooit hoeven te vervelen. Het meest sprekende voorbeeld in dit opzicht zijn wel de vier grote Monteverdi-opera's (waarvan het geheime sjabloon straks aan de orde zal komen): in *L'Orfeo*, *Il combattimento di Tancredi e Clorinda*, *Il ritorno d'Ulisse in patria* en *L'incoronazione di Poppea* is de liefde het probleem waarop de personages stuklopen, doordat ze te laat komt of in de kiem wordt gesmoord.

Door als het ware om dit thema heen te draaien en het onderwerp nooit rechtstreeks aan te kaarten, introduceerde Monteverdi een vertelwijze die vervolgens de muziekdrama's van Händel, Mozart, Gluck, Berlioz, Rossini, Wagner, Verdi en Debussy blijvend heeft beïnvloed. In het gunstigste geval kan een opera de onmogelijkheid van de liefde verheffen tot een idee dat het publiek kan opvatten als een overtuigende spirituele zoektocht. Zo kan muziek bijvoorbeeld het zeer moeilijke concept van de doodswens verklanken. Ook deze weg naar de liefde heeft in de opera een machtig medium gevonden. Of we zo'n concept zelf aanhangen of niet, doet niet ter zake. We kunnen er op zijn minst over dromen, het in verband brengen met onszelf en het omarmen als een tijdloos hulpmiddel om onszelf en de wereld te begrijpen. Als we er eenmaal door gegrepen zijn, is er geen weg terug meer. De kans is groot dat we eraan verslaafd raken, gefascineerd als we zijn door dit mysterie, dat nooit kan worden opgelost. Ja, als liefde wordt gebed in een mythe kan ze diepgewortelde barrières overwinnen. Op een dag zullen hedendaagse componisten deze magische formule herontdekken, en de resultaten zouden wel eens verbluffend kunnen zijn.

Terwijl sommige componisten de opera gingen gebruiken om politieke boodschappen over te brengen (Rossini en Beethoven bijvoorbeeld), werd de fascinatie voor het beschrijven van het menselijke tekort bijna honderd jaar lang het dominante thema van deze toen nog jonge kunstvorm. Natuurlijk waren toneelschrijvers als Shakespeare, Molière, Goethe en Schiller deze componisten al voorgegaan in het creëren van tijdloze drama's waarin de donkerste uithoeken van de menselijke ziel werden verkend; vervolgens vonden operacomponisten echter een manier om juist de verliezers centraal te stellen en ons hun dilemma's en teloorgang te laten zien.

Is het nu zo dat er nieuwe mythen worden gesmeed of gaat het eerder om een progressie in het muzikale idioom? In de eerste decennia van de twintigste eeuw begonnen sommige componisten de gevestigde structuren af te breken en het muzikale narratief te bevrijden van formele barrières, om zodoende dieper door te dringen in de psyche van de personages die ze muzikaal gestalte wilden geven. Mét deze veranderingen lijkt het rituele aspect waarover ik het eerder had, verloren te gaan – totdat Richard Strauss deze mogelijkheden opnieuw ging benutten en Griekse tragedies weer aan belang wonnen. Alban Berg met zijn twee meesterwerken *Wozzeck* en *Lulu* en Schönberg met *Moses und Aron* combineerden deze beide benaderingen en verhieven de verliezers tot de rang der tijdloze engelen.

Sindsdien zijn er geregeld opera's geschreven die de invloed van de tweede Weense school bevestigden en vergrootten; hierbij doel ik op werken van Britten, Sjostakovitsj, Stravinsky, Henze, Rihm en Reimann. Stuk voor stuk waren zij de narratieve vorm toegedaan, maar ze plaatsten hun verhalen in een zeer uitgesproken kader en lieten er zodoende geen twijfel over bestaan dat opera voor hen een iconisch medium was om tijdloze boodschappen over te brengen op een hoger plan.

Sinds Wagner is geen enkele componist in dit opzicht verder gegaan dan Karlheinz Stockhausen en Luigi Nono. Zij zagen kans om middels hun werk een volstrekt nieuwe visie op spiritualiteit en politiek te laten zien. Nono liet zich inspireren door het (eerder besproken) idee dat we alleen al door te luisteren worden ondergedompeld in een intens drama. In *Prometeo* (door hem bestempeld als een '*tragedia dell'ascolto*', oftewel een 'tragedie van het luisteren') onderzoekt hij de uitwerking van een muzikaal 'oerklankschap' op onze waarneming als luisteraar. Er zijn geen personages; de solisten worden geheel omringd door de klank van de muziek; hun strijd is onze strijd met de kunst van het luisteren. Op een dag zal dit geniale concept opnieuw worden opgepakt door componisten, en het zal niet lang meer duren of de opera zal zich losmaken van de twintigste-eeuwse prosceniumvorm en factoren als ruimte en ritueel opnieuw gaan verkennen.

Naarmate zijn monumentale, zevendaagse operacyclus *Licht* vorderde, is Stockhausen steeds dichter bij zo'n doorbraak gekomen. Hij heeft rituele gestiek genoteerd als muziek in een complexe interactie met een veelzijdige klankwereld, waarin zang, spraak, instrumentale virtuositeit, koorzang, elektronica en visueel spektakel met elkaar een 29 uur durende opera creëren, die geconstrueerd is als een mobile dat rondzweeft in de kosmos. Het publiek cirkelt rond, landt, komt dichterbij, gaat verder weg en vertrekt dan weer. Door diverse invalshoeken te gebruiken, vertelt *Licht* een verhaal dat kan worden geconfigureerd tot in het oneindige – serieus en speels tegelijkertijd. We hebben hier te maken met een componist die voortdurend verkeerd werd begrepen (en vaak uitgescholden) vanwege de zogenoemde naïviteit van zijn visie, maar die louter vanwege de kwaliteit van zijn muzikale universum overleefde. Zijn nalatenschap is al bezig onze tijd te veroveren, hongerig als die is naar nieuwe visies, nieuwsgierig naar experimenten en benard door het materialisme waarvan onze decadente cultuur in vele opzichten is doordrongen. Stockhausen had een uitgesproken mening over het exclusieve verband tussen muziektheater en mythologie.

Ik hoop van harte dat ik mijn tijd hier in Amsterdam kan afsluiten met een eerbetoon aan zijn oeuvre, dat ik zie als de bevestiging van mijn hartstochtelijke overtuiging dat opera de enige manier is om onze hoop op het verhevene te vestigen en banaliteit en onverschilligheid achter ons te laten.

Daarom hanteer ik zelf als regisseur een stijl die weliswaar minimalistisch is, maar waarin ik toch het reductieve vermijd om het expansieve te accentueren. Ik kwam tot deze benadering omdat ik geloof dat ze de meest effectieve manier is om de toeschouwer te dwingen naar de muziek te luisteren en daarvan de diepte en kracht te ervaren. Terugkijkend op mijn eigen werk besef ik dat ik me altijd heb verzet tegen al te nadrukkelijke interpretaties en heb vermeden wat vandaag de dag het meest wordt verwacht van een regisseur. Was dat verstandig? Ja, want deze benadering maakt een authenticiteit mogelijk die even verfrissend is als een interpretatie.

Muziek heeft ruimte nodig om werkelijk tot klinken te komen. In een operauitvoering is het niet alleen het publiek dat luistert, maar alle zangers op het podium luisteren eveneens. Het is de hen omringende muziek die hun personage de benodigde context geeft. Ze helpt de zangers om zich over het toneel te bewegen en hun eigen plaats in het muziekdrama te doorgronden en biedt hun het materiaal om hun personage een eigen 'aura' te geven.

Dat is het geheim van de manier waarop ik een enscenering opbouw.
In een ritueel drama is een zanger niet alleen dienstbaar aan de muziek; hij of zij moet er tevens van doordrongen worden dat hij of zij de muziek is. Een al te nadrukkelijke interpretatie doorkruist dit proces en doet het teniet door er een nieuw verhaal voor in de plaats te stellen. Dat is een aanpak die ik aan anderen heb overgelaten. Ze is valide en kan, als ze gunstig uitpakt, enorm fascinerend zijn. Maar mijn eigen benadering van mythen is erop gericht de meest elementaire en pure ingrediënten beschikbaar te maken voor onze zintuigen. Het effect daarvan op onze zintuigen is dat ze ons één enkele boodschap teruggeven: stel je voor, voel, ervaar, laat je raken. Dat is in mijn ogen de krachtigste interpretatieve handeling die een kunstwerk kan afdwingen.

Ik besef dat het deze vorm van suspense is waarnaar ik van meet af aan in mijn ensceneringen op zoek ben geweest. Terugkijkend en vooruitblikkend, heb ik er geen spijt van dat ik steeds heb vastgehouden aan mijn intuïtieve bereidheid om mijn hartstocht met jullie allemaal te delen. We hoeven niet af te wachten of de tijd zal uitwijzen dat het boeiend was. Een uitvoering is al boeiend genoeg terwijl ze nog gaande is. Alleen wat je zelf maakt van wat je je herinnert, blijft behouden en creëert in ieder van ons de mythe die de componist opnieuw tot leven heeft gewekt. Dat is de manier waarop mythen in ons blijven voortleven. Opera wordt herboren in de psyche van elke afzonderlijke toeschouwer. Opera is mythologie die leeft, in ons.

1 Claudio Monteverdi, Mariavespers (2016/17)
concept scenografie | concept scenography:
Berlinde De Bruyckere
decor | sets: Roel van Berckelaer
licht | lighting: Felice Ross
foto | photo: Ruth Walz

3 Richard Wagner, Parsifal (2011/12)
Christopher Ventris (Parsifal)
decor | sets: Anish Kapoor
licht | lighting: Jean Kalman
foto | photo: Ruth Walz

7 Georg Friedrich Händel, Orlando (2011/12)
Bejun Mehta (Orlando), Kristina Hammarström (Medoro)
decor | sets: Christof Hetzer
licht | lighting: Jean Kalman
foto | photo: Bernd Uhlig

Claudio Monteverdi, Il ritorno d'Ulisse in patria (2007/08)
Paul Nilon (Ulisse)
décor | sets: Michael Simon
light | lighting: Jean Kalman
photo: Ruth Walz

10 Marc-Antoine Charpentier, Médée (2012/13)
decor | sets: Jonathan Meese, Marlies Forenbacher
licht | lighting: Jean Kalman
foto | photo: Ruth Walz

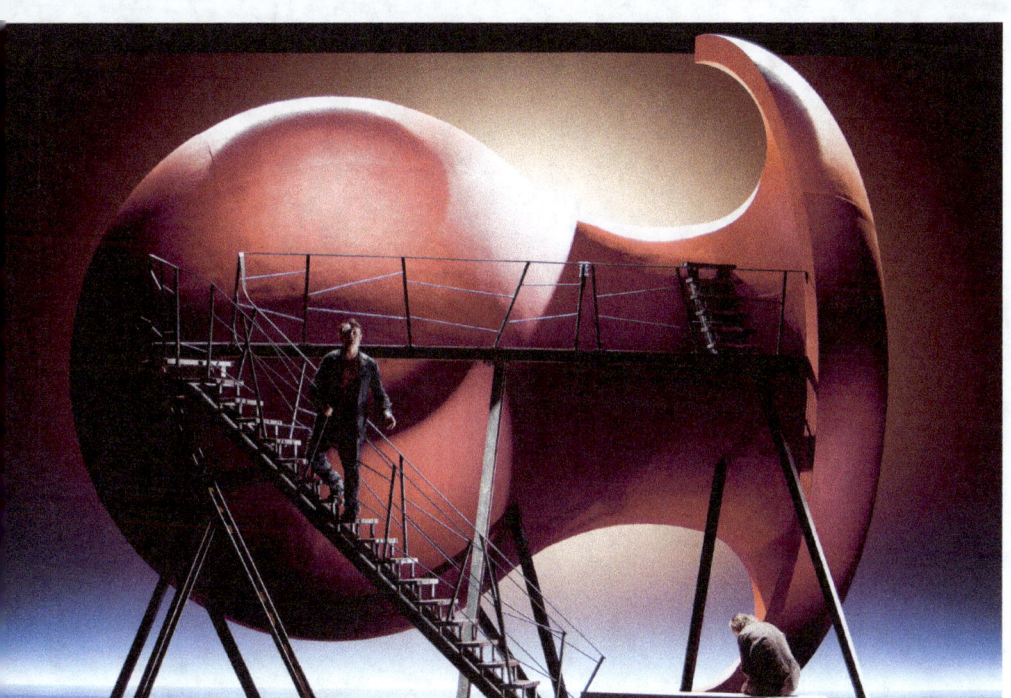

Claude Debussy, Pelléas et Mélisande (2013)
...nn Beuron (Pelléas), Dietrich Henschel (Golaud)
...cor | sets: Anish Kapoor
...ht | lighting: Jean Kalman
...to | photo: Bernd Uhlig

13 Richard Wagner, Siegfried (1997/98)
decor | sets: George Tsypin
licht | lighting: Wolfgang Göbbel
foto | photo: Ruth Walz

Richard Wagner, Das Rheingold (1997/98)
décor | sets: George Tsypin
light | lighting: Wolfgang Göbbel
foto | photo: Ruth Walz

PETER SELLARS

18 A Kilogram of Feathers (2018)

**PROBLEEM =
OPLOSSING**

Op 2 mei 2018 gaf de befaamde regisseur, theatermaker en hoogleraar Peter Sellars een masterclass bij De Nationale Opera over zijn persoonlijke gedachten en ervaringen aangaande nieuwe wegen op operagebied. De deelnemers, studenten van de Universiteit van Amsterdam en de University of the Underground, ontwikkelden als onderdeel van hun studie eigen concepten voor potentiële nieuwe opera's, met als basisidee: traumatische ervaringen binnen instellingen en organisaties in Nederland. Dit is zijn respons op hun presentaties.

Een van de eerste en belangrijkste regels in het leven die je als mens of als kunstenaar in acht moet nemen, is deze: doe alleen iets als er een noodzaak voor bestaat. De meeste mensen die iets maken – vooral als het om opera gaat – doen van alles zonder noodzaak. En overal om ons heen zien we opera's die niemand echt nodig heeft, dus daarom is het geweldig dat jullie de afgelopen maanden bezig zijn geweest met het onderzoeken en ontwikkelen van projecten die iets zeggen over dringende kwesties die ons allemaal aangaan, waaruit dan interdisciplinaire en interactieve opera's kunnen voortkomen. Het allerbelangrijkste is om je heen te kijken, te zien wat er gedaan moet worden en wat er nog aan ontbreekt, en het dan te doen. En dat niet in je eentje, maar met een kleine, heterogene en betrokken groep mensen. Ik ben geraakt door al jullie presentaties, en ik wil de organisatoren bedanken voor het briljante opdrachtthema, en ik wil alle makers bedanken voor de schitterende, scherpzinnige en indringende manieren waarop jullie dit thema hebben uitgewerkt.

We hebben nu alle presentaties achter elkaar gezien, zonder commentaar tussendoor, en dan blijkt, zoals gewoonlijk, dat het beste commentaar op elk project te vinden is in het project dat de volgende groep presenteert. Het was geweldig om te zien dat juist datgene wat in het ene project ontbrak, in een verrassende vorm opdook in het werk van de volgende groep. Kijk alsjeblieft goed naar elkaars werk om een oplossing te vinden voor de zwakke plekken en de nog onopgeloste problemen van je eigen project. De antwoorden zijn te vinden in jullie eigen veelzijdige en bijzondere gemeenschap. Waar je ook tegenaan loopt, kijk vooral naar de strategieën van de andere groepen. En geniet intussen volop van de inspiratie die rondzingt door al het harde werk dat wordt gedaan door mensen van wie je houdt en om wie je geeft en die je begint te leren kennen.

De onderwerpkeuze is doorslaggevend. Ik vind het echt een grootse gedachte om iedere groep een tijdlang mee te laten draaien in een sociale organisatie die zich dagelijks inzet voor belangrijk transformatief werk – werk dat levens verandert, mensen geneest, verloren gegane structuren herschept en beschadigde mensen vooruithelpt. Het is heel indrukwekkend dat niemand werk heeft gemaakt dat gebaseerd was op iets wat je in de krant kunt lezen. Ik heb groot respect voor de moed van journalisten en voor baanbrekend journalistiek werk, maar een van mijn vuistregels is: als het in de krant staat, blijf er dan af; en als iets niet in de krant komt, maak dan werk van dat onderwerp. Dat heeft echt invloed, omdat jullie als kunstenaars naar plekken zijn gegaan waarover de meeste mensen niet alleen te weinig informatie hebben, maar vaak ook met opzet verkeerd worden geïnformeerd – zodat jullie een idee konden krijgen van de mogelijkheden die ons als kunstenaars niet alleen toebehoren, maar in feite de kern uitmaken van wat het vak van ons verlangt.

Ik wil ook meteen mijn lof uitspreken voor de diepgang en de kwaliteit van de samenwerking binnen alle groepen afzonderlijk. Ik was bijzonder getroffen door de mate van respect, opmerkzaamheid, aandacht en belangstelling die ieder lid toonde voor de anderen. Mag ik jullie daarvoor bedanken? Een van de moeilijkste dingen van samenwerken, en een van de moeilijkste dingen van werken binnen een organisatie, is dat wanneer mensen worden geconfronteerd met groot menselijk leed, de meesten erg onbehulpzaam, volstrekt vanuit hun eigen ego, reageren. Vaak hangt er een kwalijke geur van opportunisme, exploitatie en ramptoerisme om kunst of journalistiek. Ik dank jullie voor de oprechtheid en ernst van jullie motieven en omdat jullie je onderwerp recht hebben aangedaan door eerst recht te doen aan elkaar.

Er zitten in jullie presentaties heel veel dingen die schitterend gevonden zijn. Het idee om met een elektrische theeketel een ruimte vol stoom te zetten en zo de oplopende spanning binnen en rondom een Noord-Koreaans vluchtelingengezin te verbeelden, is briljant, simpel, concreet, ongekunsteld – en theatraal (en budgettair gunstig) [afb. 23]. Als mensen aan opera denken, hoor je ze zo vaak zeggen: 'O, je moet een groot budget hebben, je hebt dit nodig, en je hebt dat nodig.' Maar in werkelijkheid heb je alleen maar iets concreets nodig dat tegelijk functioneert als anker in de realiteit en als metafoor. De paarse weerbestendige jasjes van de beginnende fietskoeriersdienst zijn *cool*, op een indrukwekkende manier brutaal, en een symbool van verandering. Het enige wat je nodig hebt, is een paar echte dingen, en echte mensen en echt gevoel. Spektakel is werkelijk niet nodig; dat neemt het Pentagon wel voor zijn rekening, zeg ik altijd. Dat spektakel is nou juist het grote probleem van onze samenleving, dus als je kans ziet om je aan de spektakelmaatschappij te onttrekken, is dat alleen maar fantastisch. Blijf alsjeblieft tegelijk groot en klein denken, en zorg ervoor dat de dingen die in de meeste opera's groot gemaakt worden, juist kleiner worden. Maar wat de meeste opera's klein houden, maak dat vooral groot.

Ga niet uit van die oude optiek van de toeschouwer als 'ding'. Veel mensen behandelden de toeschouwer als een 'ding', toch? In jullie presentaties werd de toeschouwer vaak benaderd als een apart, onnadenkend hoopje 'iets'. Doe dat alsjeblieft niet. Iedere toeschouwer is een mens, een mens die even complex, inconsistent en ondoorgrondelijk is als jullie zelf. We leven nu in een tijd waar we al die tweedelingen helemaal niet nodig hebben – toeschouwer/uitvoerende, publiek/kunstenaar, maatschappij/actievoerder. Dat is een door en door kapitalistische constructie. Het kapitalisme maakt je wijs dat je alleen maar een kaartje hoeft te kopen. Je bent een consument, geen burger. Je hebt geen rechten. Je hebt niets in te brengen. Je bent alleen maar een toeschouwer. Dat soort denken verleidt kunstenaars tot een protofascistische, totalitaire manier van denken, en leidt bij het publiek tot een deprimerende passiviteit. En natuurlijk is dat een pendant van het cynische gedrag van onze 'democratieën', die er niet op uit zijn om iets aanschouwelijk te maken, maar willen dat wij passieve ontvangers zijn terwijl zij de show opvoeren, het beleid bepalen en sjoemelen met hun resultaten.

De elite in het Amerikaanse ministerie van Buitenlandse Zaken bereidt de hele show voor, en gaat ervan uit dat wij allemaal rustig blijven zitten kijken. Kunnen we alsjeblieft een wat interessanter constellatie van relaties verzinnen? Juist op dit moment is de wereld een heel wat interessanter constellatie van relaties. Ik wil jullie dus vragen wat dieper door te denken over wat je relatie zou kunnen inhouden met mensen met wie je in dezelfde ruimte wilt zijn. Kunnen die relaties interessanter zijn dan het kapitalistische model van iemand die een kaartje koopt en op rij tien gaat zitten? Kunnen we die situatie niet een beetje opschudden en zeggen dat theater het vermogen heeft een heel andere constellatie van menselijke relaties tot stand te brengen, relaties die we juist nu zo hard nodig hebben? Laten we proberen die te ontdekken. Theater en muziek zijn structuren en bewustzijnstoestanden die nieuwe sociale mogelijkheden oproepen, uitstippelen en realiseren. Vanaf de vroegste vormen ervan – een ritueel op Java, een Koreaans sjamanenritueel, of een voorouderritueel in China – is er geen scheiding tussen toeschouwers en uitvoerenden. Er zijn alleen deelnemers. Het hele gebeuren is zo ingericht dat een gemeenschap bijeengeroepen kan worden voor iets waar ze werkelijk mee om moet gaan, en de opvoering zelf schept de voorwaarden om de collectieve en individuele weerbaarheid van de gemeenschap te vergroten. Geritualiseerde vormen van theater en muziek bezitten magische krachten, genezende krachten die beschadigd weefsel, beschadigde levens, beschadigde lichamen en beschadigde geesten verweven en aaneen weven en binden en ontbinden.

Theatermakers in het Westen daarentegen stellen er al sinds een paar generaties zowaar een eer in om ongelooflijk deprimerend en destructief theater te maken, dat maakt dat je de zaal verlaat met een afschuwelijk gevoel en het idee dat je geen bestaansrecht hebt. Toen ik jonger was, hadden veel van mijn producties ook die overweldigende brute kracht, maar ik heb toch het idee dat ze ook iets anders te bieden hadden.

Dat is duidelijk niet jullie probleem. Maar ik denk dat jullie de komende decennia verder kunnen gaan, en afgaand op de presentaties van vanavond denk ik dat jullie en jullie collega's het recht hebben verdiend om oplossingen voor te stellen en te laten zien, in plaats van alleen maar eindeloos de huidige controverses te problematiseren. Samen eten is bijvoorbeeld een oplossing. Gaan zitten, samen het brood breken en mens zijn is een oplossing. Zelf zou ik het geweldig vinden als elk van jullie stukken nog een stadium verder zou gaan, dat ze in plaats van een commentaar te zijn daadwerkelijk iets zouden bieden en tonen wat gedaan kan worden. De meeste crisissen waarvoor we staan, zijn op te lossen zonder dat daarvoor een hoge opleiding nodig is. Sterker nog, veel van die crisissen zijn juist in de hand gewerkt door mensen met een hoge opleiding. De huidige crisissen zijn niet conservatief of progressief; het zijn menselijke crisissen. Zodra je het probleem een plaats kunt geven in een menselijke omgeving, iets wat wij als kunstenaars kunnen doen, maak je het los uit het ideologische strijdperk, roept het niet langer de polarisatie op die ons denken overweldigt, of gevoelens van onthutsing en hulpeloosheid. Bij theater en muziek gaat het om de ervaring van het doorstaan van een crisis, en ervaring is de enige manier om iets te leren. Op dit punt in de geschiedenis moeten we samen leren, en niet elk afzonderlijk.

Laat ik iets vertellen over wat we een paar jaar geleden in het Holland Festival hebben gedaan – om jullie een soort indruk te geven van structureel denken. We hebben toen in acht landen een groot vluchtelingenproject gedaan rondom het toneelstuk *Herakliden* van Euripides. Bij de opvoering van het stuk houden de kinderen hun mond, net zoals nu de kinderen op Schiphol; ze worden uit het vliegtuig gehaald, maar mogen niets zeggen om zichzelf te verdedigen. Ze hebben geen invloed op wat er beslist wordt over hun toekomst. Euripides heeft dat in *Herakliden* precies zo beschreven. In elk land hebben we het hele immigrantensysteem doorgenomen, dus elke avond stonden er dertig of veertig mensen zonder papieren (onder wie veel alleenstaande minderjarigen) samen met de spelers op het toneel. Voorafgaand aan de uitvoering hadden we een openbare discussie met allerlei sprekers: vluchtelingen, ministers van Binnenlandse Zaken, grenswachten, vreemdelingenrechters. Vlak voor dat groepsgesprek waren er twee gezamenlijke maaltijden – een voor de kinderen uit de asielzoekerscentra en een met de gastsprekers. Zo zaten rechters en ministers samen aan tafel met vluchtelingen, zoals die ene jonge Nigeriaan die tien jaar had doorgebracht in een asielzoekerscentrum en wiens leven al die tijd letterlijk in de wacht stond. Deze mensen hebben nooit de kans om op zo'n manier met medemensen te verkeren, en iedereen was er enorm door geraakt. Na elke uitvoering nodigden we het publiek uit om nog wat te eten en te drinken met iedereen die had meegedaan aan de uitvoering en de discussie, zodat het gesprek een vervolg kon krijgen.

Nog tijdens de voorstelling begon er iets van echte medemenselijkheid op gang te komen. We hadden de vluchtelingen uitgenodigd om voor het publiek te gaan staan en het gesprek zo voort te zetten. Dat gesprek was heel intens, omdat de mensen die hierheen komen, zoals jullie waarschijnlijk wel weten, gedurende het hele immigratieproces en de asielaanvraag constant moeten liegen, omdat er maar drie verschillende verhalen worden geaccepteerd. Dus wat is er in werkelijkheid met hen gebeurd? Dat kunnen ze niet zeggen. Ze moeten een van de verhalen vertellen waarmee ze binnen kunnen komen. Intussen heeft de vreemdelingenbeambte een hele waslijst met punten die gecontroleerd moeten worden, en dus doet het er niet toe wat de beambte in kwestie er zelf van vindt, omdat die lijst al heeft bepaald wat er met de vluchtelingen gaat gebeuren. In het drie kwartier durende gesprek dat bepalend is voor de toekomst van een mens, kunnen geen van beide partijen vrijuit met elkaar spreken. *The Children of Herakles* had tot doel om een vrijplaats voor eerlijkheid te creëren in de vorm van een kunstproject, zodat die twee betrokkenen voor het eerst niet tegen elkaar konden liegen. De persoon zonder papieren kon eerlijk vertellen wat er aan de hand was, en de vreemdelingenbeambte kon vrijuit antwoord geven. We hebben deze vrijplaats voor eerlijkheid gebouwd omdat de officiële plek louter oneerlijkheid genereerde. Je kondigt een kunstproject aan en, geloof het of niet, de minister van Binnenlandse Zaken zegt: 'Oké, ik kom.' Omdat het een kunstproject is, is het niet hun gewone werk, het is niet hun gewone werkelijkheid. Zo kun je interessante mensen erbij halen. Je kunt een lid van de vreemdelingendienst erbij halen. Je kunt een grenswacht erbij halen (aan wie nooit iemand aandacht heeft besteed) en warempel, het zijn mensen. Dus laten we ze tegemoet treden als echte mensen en niet als een stereotype.

Waar mensen naar zoeken, en wat kunst hun geeft, is het idee dat iedereen een bepaald soort flexibiliteit in zijn identiteit wil. Bijna iedereen zit gevangen in een of andere beperkte identiteit. Dit is wie jíj bent, dit is wat jíj doet, elke dag, en daar houdt het mee op. Natuurlijk zit geen enkel mens zo in elkaar. We hebben allemaal een ongelooflijk flexibele identiteit, maar we houden allemaal vast aan het idee dat we 'maar één ding kunnen doen, op die manier, elke dag'. Dus wat een vreemdelingenbeambte van zo'n kunstproject leert, is dat hij of zij kan zeggen: 'Oké, en als je identiteit nu eens rekbaarder zou kunnen zijn? Wat zijn er dan nog meer voor mogelijkheden?' Bij de gesprekken die ik voerde met de dakloze op straat en de vreemdelingenrechter begon ik altijd met de vraag: 'Vertel eens, waar denk je aan als je 's ochtends om vier uur wakker wordt?' Dat is het uitgangspunt. En dan schakelen we om en spelen het toneelstuk van Euripides met de vluchtelingenkinderen erin.

In het toneelstuk zit ook een Grieks koor – en dat bestaat in onze versie uit journalisten en figuren uit de media. Iedere avond waren er bekende verslaggevers van de televisie of van de kranten die de vragen over de personages stelden. Op die manier haalden we ook de media erbij. In Parijs bijvoorbeeld hadden *Le Monde* en *Le Figaro* allebei een stuk van drie pagina's over ons. Alle kinderen kwamen met hun levensverhaal in de krant. Doordat we de media erbij betrokken, werden ze onderdeel van het project en ontstonden er weer allerlei nieuwe relaties.

Terwijl het publiek naar de kinderen zat te kijken, zeiden de kinderen niets en keken alleen maar naar het publiek. Het is een lang stuk, en ten slotte zeggen de Atheners: 'Oké, die kinderen mogen ons land in.' En terwijl het stuk gespeeld werd, was er in een restaurant aan de overkant een grote groep vluchtelingen bezig met koken. Na afloop werd het hele publiek uitgenodigd om daar te komen eten, samen met de kinderen uit het toneelstuk, het soort kinderen met wie de toeschouwers nooit zouden hebben gepraat als ze toevallig naast elkaar bij een bushalte hadden gestaan. Ze zouden dan niet hebben geweten hoe ze een gesprek met hen moesten beginnen. Maar nu eten ze samen met die kinderen, die eerst de hele avond hebben gezwegen. Dat is de derde maaltijd van de avond.

En dit is waar ik heen wil: als het gaat om wat er gedaan moet worden, denk alsjeblieft na over de structuur. Hoe kunnen we een structuur verzinnen die dingen in beweging kan zetten, een nieuwe relatie tussen mensen tot stand kan brengen, of een evenwicht vasthouden? Hoe kunnen we er om te beginnen voor zorgen dat het publiek niet alleen maar een voorstelling bijwoont, maar echt een ervaring rijker wordt? Hoe bezorgen we mensen een ervaring waardoor er iets gaat verschuiven in de manier waarop ze naar zichzelf en andere mensen kijken? Zoals we weten zijn mensen niet slecht, ze zijn alleen onwetend. Onwetendheid verdwijnt als je in aanraking komt met mensen en tijd met ze doorbrengt, in een situatie waar je eerst niets van moest hebben. Theater is uitgevonden als middel om dat op een veilige manier te doen. Het is een maatstaf voor de kwaliteit van je werk in hoeverre je nieuwe relaties kunt bedenken en steunen en vasthouden. Wat in onze zo verdeelde samenleving, in onze steeds sterker verdeelde samenleving ontbreekt, is de directe omgang en betrokkenheid met mensen die niet zijn zoals jijzelf en die in heel andere omstandigheden leven. Theater vraagt je om hun leven binnen te gaan en vraagt je om genoeg ruimte te maken in jezelf om andere mensen binnen te laten.

Bij dit project zijn jullie terechtgekomen in een hoop uiteenlopende instellingen. Ik verzoek jullie dringend in die instellingen te gaan spelen. De mensen in die instellingen zijn bewonderenswaardig; ze zijn moedig en fantastisch en betrokken, en doen elke dag belangrijk werk onder barre omstandigheden, maar ze zitten vaak dicht tegen een burn-out aan. Sociaal en politiek werk is uitputtend. Het is deprimerend. Je bent altijd met te weinig en er valt iedere dag meer te doen dan je eigenlijk aankunt. De meeste mensen die in hun jonge jaren in zo'n instelling gaan werken, blaken van idealisme en jeugdig vuur en denken dat er verandering mogelijk is. Maar het leven in zo'n instelling mat je af, dag in, dag uit, en werkt in de hand dat je terugvalt op routine, en dat je vertrouwen in de mensen die je probeert te helpen, begint te slijten. Wanneer jullie als kunstenaar in zo'n instelling aan het werk gaan, is het jullie taak de instelling zelf, het personeel en de cliënten nieuw leven en een nieuw elan in te blazen. Je moet nieuwe energie binnenbrengen, creatieve benaderingen en het soort vrijheid dat onbereikbaar is gemaakt door de intrinsieke eisen van het leven binnen vier muren.

Alles waar je je mee bezighoudt, wat het ook is, is een cultuur. Er is een cultuur van mensen die van vuurwapens houden. Er is een cultuur van mensen die een hekel hebben aan vuurwapens. Er is een cultuur van mensen die een hekel hebben aan homoseksuelen en lesbiënnes. Er is een cultuur van mensen die houden van homoseksuelen en lesbiënnes. Alles is cultuur, niet een ideologisch standpunt. Het is een levende cultuur. En al onze vragen, knelpunten en meningsverschillen moeten dus behandeld worden als culturele vragen.

Toen jullie groep het Internationaal Strafhof binnenliep, was het voor jullie onmiddellijk voelbaar dat de cultuur daar op zich al een soort ontkenning is van de daadwerkelijke feiten: de architectuur van het gebouw en de rechtszaal zelf maakt meteen duidelijk hoe ver het Internationaal Strafhof afstaat van de chaotische situatie in Congo of een CIA-kantoor in Laos. Als je rondkijkt in die ruimte, is het heel lastig om nog iets van de werkelijke wereld te bespeuren. De architectuur probeert neutraliteit uit te stralen, de verhevenheid van een ongrijpbare abstractie, wat uiteindelijk neerkomt op een nachtmerrie. Hoe haal je

Congo die ruimte binnen als kunstenaar? Hoe zou het voelen, smaken of klinken als Congo in die steriele ruimte zou verschijnen, met al zijn gewelddadigheid, zijn kleuren, zijn bandeloosheid en zijn menselijkheid?
[afb. 18]

Wanneer je je met zulke instellingen verbindt en langzaamaan een betrouwbare en inspirerende collega wordt, begin dan aan de eerste fase van je onderzoek, geef je ogen goed de kost, maak nauwkeurige aantekeningen. Maar wat je daar als kunstenaar moet doen, is het vocabulaire opnieuw uitvinden. We maken allemaal gebruik van een pathologiserende woordenschat die minstens twee generaties oud is, en dat is zelf al een probleem geworden. Niemand is ermee geholpen als je mensen het etiket van traumaslachtoffer opplakt. Het hanteren van die categorieën, die bedacht zijn om mensen van elkaar te scheiden, om ze te isoleren zelfs, leidt er onvermijdelijk toe dat ze nog verder getraumatiseerd worden.

Om hun werk te kunnen beschrijven in de media en een plaats te veroveren in het publieke bewustzijn, moeten organisaties zich heel vaak in allerlei clichétermen uitdrukken, omdat dat de manier is waarop het in de krant zal komen en waar het publiek mee uit de voeten kan. Maar eigenlijk zijn die clichés het probleem. Elke typering, elk woord in het draaiboek waarmee mensen die drugs gebruiken worden gekarakteriseerd, moeten we omdenken. Probeer eens het woord 'trauma' in de opdracht te vervangen door het woord 'mens'. Probeer terug te gaan naar dat punt in je leven waar er mensen waren die je bewonderde en die de wereld op een of andere manier vooruit hebben gebracht, en die dat deden omdat hun leven een hel op aarde was. Was het prettig? Nee. Hebben ze de wereld veranderd omdat ze in een hel hadden geleefd? Ja. Dus laten we ophouden mensen die een zwaar en moeilijk leven hebben, te typeren als 'beklagenswaardig'. Als kunstenaar moet je zeggen (net als Sophocles, net als Shakespeare, net als Marguerite Duras en net als Toni Morrison): 'De mensen die zulke verschrikkelijke dingen hebben doorstaan, zijn de toekomstige leiders van onze planeet.' De hindernissen die ze hebben moeten overwinnen, hebben hen waakzaam en gevoelig gemaakt voor veel dingen waar de meesten van ons blind voor zijn. Kunnen we mensen die lijden niet beschouwen als mensen met een visie, als mensen wier getuigenis ons leven op deze planeet een diepere betekenis zal geven? Laten we niet zeggen: 'Er is iets mis met jou', maar in plaats daarvan ons talent als kunstenaar inzetten om in isolement verkerende mensen een open en ruim podium te bieden, en de bescherming en het respect en de aandacht die ze op grond van het doorstane leed verdienen.

Het is in de huidige wereld te laat om binair, in tweedelingen te denken, want als dat je uitgangspunt is, ben je al nergens meer. Sommige van jullie projecten zijn werkelijk grensoverschrijdend doordat jullie het denken in tegenstellingen achter je hebt gelaten. Dat soort denken is verleden tijd. Op die manier zul je nooit iets bereiken. Vandaag en morgen gaat het erom nieuwe verbindingen te leggen en nieuwe manieren te vinden om dingen te delen met mensen met wie je het niet eens bent of die een hekel aan je hebben, of lastig zijn. Wat heb je gemeen met die mensen? Dat is de eerste vraag, én de manier om verder te komen. Dat is de manier om je open te stellen en de manier om je betrokken te voelen – om over de scheidslijnen heen te reiken. Je kunt niet alleen maar met je vrienden praten. Probeer bij iemand aan wie je een hekel hebt, iets te vinden waar je van houdt. Je moet wel, omdat het de realiteit in dit leven is dat het probleem de oplossing is. Er zal nooit een oplossing komen tot het probleem de oplossing wordt.

Met andere woorden, de enige mensen die een eind kunnen maken aan het geweld van bendes, zijn de leden van die bendes. Zij zíjn het probleem en ze zijn de énige oplossing. Je kunt het probleem dus niet als het probleem behandelen, je moet het probleem behandelen als de oplossing. Dat wordt dan echt krachtig. En heel theatraal. Als kunstenaar moet je opereren in de vlietende ruimte tussen yin en yang. Wat je ook wilt gaan doen, doe precies het omgekeerde. Wat je ook van plan was, draai het om en doe precies het tegenovergestelde. Houd op met denken in vaste patronen. Gooi alles open. Het verschil tussen propaganda en kunst is dat je met propaganda probeert iemand te overtuigen van iets wat jij al hebt bepaald en dat je alles weglaat wat jouw standpunt niet ondersteunt. Maar als je kunst inzet, betreden je collega's en je gemeenschap een diepe, open ruimte die radicaal en uitdagend open is en geen vooraf bepaalde bestemming heeft. Je creëert de ervaring van een veelvoud aan werelden, als een ware ontdekkingsreis, met onverwacht en verrassend resultaat. In plaats van ons te vertellen wat we moeten denken, schep je voor iedereen de ruimte om te denken en te blijven denken.

HEINER GOEBBELS

19 Ou bien le débarquement désastreux (1993)

ESTHETIEK VAN AFWEZIGHEID

20 Erarijaritjaka (2004)

Ik zou nu simpelweg een vijftig minuten durende video kunnen starten met een van mijn recente werken – *Stifters Dinge*, een performance-installatie zonder performer – en dan de zaal verlaten. Daarmee zou het thema 'afwezigheid' afdoende behandeld zijn. Maar misschien is het verstandiger om eens te kijken naar de manier waarop dit thema zich in de loop der jaren in mijn werk heeft ontwikkeld, en zo een beter idee te krijgen van wat er precies mee gebeurt en wat ik nu eigenlijk versta onder 'afwezigheid'.

Hoe is het allemaal begonnen? Misschien wel in 1993, met een voorval tijdens de repetities voor *Ou bien le débarquement désastreux* ('Of de rampzalige ontscheping'), een van mijn vroegste muziektheaterwerken, voor vijf musici en één acteur, André Wilms [afb. 19].

Magdalenda Jetelová, een beroemde kunstenares uit Praag, had het toneelbeeld ontworpen: een reusachtige, ondersteboven hangende aluminium piramide, waar zand uitloopt en die tijdens de voorstelling in zijn geheel gedraaid kan worden, en een enorme wand van rode, zacht golvende zijden haren, aangedreven door vijftig ventilatoren (die ook de acteur tot waanzin dreven). Er is een scène waarin de speler achter deze muur van haar verdwijnt, en een andere waarin hij compleet wordt opgezogen door de hangende piramide en pas minuten later, op zijn kop hangend, weer tevoorschijn komt. Na de repetitie van die scènes stapte Magdalena Jetelová meteen op de speler af en zei enthousiast tegen hem: 'Het is werkelijk grandioos als je er niet meer bent.'

Zoiets moet je natuurlijk nooit tegen een acteur zeggen, en André Wilms werd zo kwaad dat ik de ontwerpster vriendelijk moest verzoeken zich niet meer bij de repetities te laten zien. Maar wat veel interessanter is, is het intuïtieve inzicht waarmee ze spontaan – vanuit haar optiek als beeldend kunstenaar – de vinger legde op een heel belangrijke voorwaarde binnen de podiumkunsten.

Want ondanks een aantal radicale (en later in de vergetelheid geraakte) experimenten van avantgardistische theatermakers aan het begin van de twintigste eeuw (waaronder de toneelstukken van Gertrude Stein en regies en ontwerpen van Vsevolod Meyerhold, Adolphe Appia en vele andere kunstenaars) en ondanks het intrigerende werk van Amerikaanse kunstenaars als Robert Wilson, Richard Schechner, Richard Foreman en anderen die in de jaren '60 en '70 met op performance gebaseerd theater een weerwoord gaven op het intimiderende, autoritaire karakter en de zwaarwichtigheid van toneelteksten – in weerwil van dat alles zijn theater en opera tot op de dag van vandaag overwegend gebaseerd op het klassieke concept van een artistieke ervaring waarin directe aanwezigheid en persoonlijke intensiteit vooropstaan. In het brandpunt van de waarneming staan protagonisten met een krachtige expressie (acteurs, zangers, dansers en instrumentalisten), zelfverzekerde solisten die zeker zijn van hun rol, hun acties en hun lichaam.

Van alle uitvoerende kunsten heeft alleen de hedendaagse dans, vanaf de jaren '80, kwesties als 'onderwerp' en 'identiteit' aan de orde gesteld, en die vertaald in een choreografie van gefragmenteerde, gedelocaliseerde, onvoltooide, misvormde of verdwijnende lichamen.[1] Makers van theater en opera weigeren hardnekkig hun klassieke premissen in heroverweging te nemen. Een enkele keer brengen ze wijzigingen aan in de tekst van een toneelstuk, soms ook in de partituur van een opera, maar verder dan zulke ingrepen gaat het nooit. En wetend hoe star het toegaat op opleidingen voor acteurs en regisseurs, geloof ik niet dat daar snel verandering in zal komen.

Die ene anekdote, dat korte moment in *Ou bien le débarquement désastreux*, is nadien uitgegroeid tot een wezenlijk aspect van mijn werk.

In dat stuk is het gewicht dat wordt toegekend aan aanwezigheid al tweeslachtig. Het toneelbeeld is geen illustratief decor, maar een kunstwerk op zich en de speler moet accepteren dat hij de aanwezigheid deelt met alle elementen die bij de realiteit van het toneelbeeld horen: de confrontatie tussen tekst en muziek, het van elkaar losmaken van de stem en het lichaam van de speler, het onverwachts schakelen tussen twee soorten muziek (muziek van twee *griots* uit Senegal en mijn eigen muziek, uitgevoerd op trombone, toetsinstrumenten en elektrische gitaar), de botsing tussen de ene scène en de volgende. Tussen deze 'afzonderlijke elementen', zoals Brecht dat noemde, ontstaan afstanden, lege ruimten, waarin de verbeelding van de toeschouwer kan gaan werken.

In zijn *Anmerkungen zur Antigonä* benadrukte Friedrich Hölderlin al dat er bij theater een 'poëtische logica' in het spel is, die naar zijn mening, anders dan de analytische of filosofische logica, veel van onze perceptieve vermogens in het geweer roept. Hij heeft het over 'diverse opeenvolgingen waarin zich ideeën, gevoelens en gedachten ontwikkelen, volgens een poëtische logica' die een beroep doet op de meest uiteenlopende zintuigen en waarnemingswijzen – en zich niet houdt aan een lineaire narratieve vorm. Volgens Hölderlin 'werkt de poëzie zodanig op de verschillende menselijke vermogens in [...] dat onze verbeelding deze verschillende vermogens tot een geheel maakt', en 'de samenhang tussen de meer zelfstandige delen van de verschillende vermogens' omschreven kan worden als 'het ritme'.[2]

Ou bien le débarquement désastreux biedt noch een compleet beeld, noch een muzikale chronologie, laat staan een lineair verloop. Drie teksten verwijzen naar mogelijke thema's, die tijdens de opvoering bij de individuele toeschouwer naar voren kunnen treden: Joseph Conrads *Congo Diary*, de prozatekst *Herakles 2 oder die Hydra* van Heiner Müller en de schetsen voor een gedicht over een dennenbos van Francis Ponge. Bij al deze thema's gaat het in feite om angst voor de vreemdeling, om geweld en kolonisatie, en ze sporen ertoe aan etnische verschillen te onderkennen en te respecteren, in plaats van naar gemeenschappelijke kenmerken te zoeken; of zoals Maurice Blanchot het formuleerde: 'De ander is niet je broeder.'

Verder zijn alle gesproken teksten in dit stuk in het Frans of het Mandingo, talen die de meeste toeschouwers niet verstaan. Dat vind ik helemaal geen probleem. Daarin kun je 'onbekommerd rusten', zoals Gertrude Stein zegt wanneer ze haar eerste ervaringen in het theater beschrijft:

Ik moet een jaar of zestien geweest zijn en [Sarah] Bernhardt kwam naar San Francisco en bleef twee maanden. Ik kende natuurlijk wel een beetje Frans maar dat deed er eigenlijk niet toe, het was allemaal zo buitenlands en omdat haar stem zo rijk aan variatie was en alles zo Frans was, kon ik er onbekommerd in rusten. En dat deed ik ook. [...] De manieren en gewoontes van het Franse theater schiepen een ding op zich, iets wat in en voor zichzelf bestond. [...] Het bezorgde me een heel eenvoudig, direct en ontroerend gevoel van plezier.[3]

Theater als 'ding op zich', niet als een uitbeelding van de werkelijkheid of als medium om uitspraken daarover te doen, dat is precies wat ik probeer te realiseren.

Bij een dergelijke vorm van theater is de toeschouwer eerder onderdeel van een 'ervaringsdrama' dan toeschouwer bij een dramatische handeling waarin psychologisch gemotiveerde relaties tussen personages worden verbeeld op het podium. Het wordt een drama van de zintuigen, net als in de krachtige confrontaties tussen alle elementen van dit stuk – toneelbeeld, belichting, muziek, tekst –, waarbinnen een speler eerder moet zien te 'overleven' dan te acteren. Zo wordt het drama van de 'media' in feite een dubbel drama: zowel een drama voor de uitvoerende als voor de waarneming van het publiek.

Deze ervaring van een over verschillende elementen opgesplitste aanwezigheid verklaart vermoedelijk waarom ik twee jaar later – in het muziektheaterstuk *Schwarz auf Weiss* – niet heb gekozen voor de virtuositeit van een briljant acteur, maar voor achttien muzikanten van het Ensemble Modern – een collectieve protagonist, zogezegd. Dit was tegelijkertijd een protest tegen een kunstvorm die dikwijls op vele niveaus hiërarchisch is – zowel organisatorisch als in het productieproces, in het gebruik van theatrale middelen, in het artistieke resultaat, en niet in de laatste plaats in het totalitaire karakter van zijn esthetiek en zijn verhouding met het publiek.

In dit stuk zijn de musici van het Ensemble Modern niet weggestopt in de orkestbak tot meerdere eer en glorie van solisten op het toneel. Ze zijn zelf aanwezig op het podium en ontdekken er andere vaardigheden, die hun muzikale virtuositeit te buiten gaan: ze schrijven, zingen, leggen dingen op een rijtje, spelen badminton en andere spelletjes, gooien tennisballen tegen bekkens en trommels (of ernaast) en lezen een tekst voor: 'Gij die dit leest, verkeert nog onder de levenden; maar ik die dit schrijf, zal mij reeds lang naar het schimmenrijk hebben begeven.'[4]

Deze vroege anticipatie van de 'dood van de auteur' in Edgar Allan Poe's parabel *Shadow* moet niet alleen letterlijk worden opgevat (de schrijver Heiner Müller, een goede vriend, had me deze tekst ooit aangeraden, lang voor zijn dood, die samenviel met de repetities van *Schwarz auf Weiss*). De afwezigheid is in dit stuk ook op heel andere niveaus te vinden: bijvoorbeeld in het bewust vermijden van iedere dramatische handeling. 'Er gebeurt betrekkelijk weinig,' zoals Ryan Platt twee weken geleden zei, toen hij op Cornell University een inleiding gaf op de filmversie van *Schwarz auf Weiss*.

Schwarz auf Weiss is ook een stuk over schrijven. 'Het schrijven, dat zich van oudsher terugtrok achter de evidente aanwezigheid van het theater, roept zich nu openlijk uit tot de omgeving waarin de dramatische structuur is gesitueerd,' schreef de theaterwetenschapper Elinor Fuchs in 1985. 'De prijs van deze nieuwe zichtbaarheid, of misschien wel het doel ervan, is het ondermijnen van de theatrale aanwezigheid, hetgeen tegelijkertijd de vanzelfsprekende aanwezigheid van de acteur ondermijnt.'[5] Deze aanwezigheid wordt in *Schwarz auf Weiss* in dubbele zin gereduceerd, door de lichtelijk amateuristische 'niet-aanwezigheid' van de musici, die nog nooit iets dergelijks hebben gedaan op het podium. Dat is te zien aan de on-expressieve, on-dramatische, maar zeer geconcentreerde gezichten van de uitvoerenden, die terwijl wij hen gadeslaan geen moment doen of ze iemand anders zijn dan zichzelf als muzikanten, in het hier en het nu. Dikwijls keren ze het publiek de rug toe, zodat de aandacht van de toeschouwer verdeeld wordt over een 'landschap' van achttien gelijktijdig bezige personen. Om nogmaals Elinor Fuchs te citeren: 'Een theater van de afwezigheid [...] versnippert het centrum, verdringt het onderwerp, destabiliseert de betekenis.'[6] Bij deze voorstelling moeten wij als toeschouwers zelf kiezen waarop we onze blik richten.

Iets soortgelijks gebeurt in een later stuk met dezelfde musici (*Eislermaterial*), waarin het centrale deel van het speelvlak voortdurend leeg blijft. Tijdens de uitvoering zitten de musici langs de drie zijden van het podium, en 'aanwezigheid' doet zich uitsluitend op akoestisch niveau voor, door middel van versterking en 'close miking'. Structurele belemmeringen/weerstanden/moeilijkheden voor het samenspel tussen de musici (de grote onderlinge afstand, het opsplitsen van de instrumentengroepen) visualiseren voor de toeschouwer de communicatieve processen binnen het ensemble, waarbij iedere musicus verantwoordelijk is voor zijn eigen aandeel, omdat er geen dirigent is. De plaats van de dirigent wordt ingenomen door een beeldje van de componist Hanns Eisler, een goede vriend van Bertolt Brecht, met wie hij ook veel heeft samengewerkt.

Merkwaardigerwijs – en hoewel professionele theatermakers me hier van tevoren voor gewaarschuwd hadden – verslapte de aandacht van het publiek niet, ondanks de volstrekte afwezigheid van enigerlei spectaculaire visuele afleiding tijdens de uitvoering. 'De illusie van aanwezigheid (gefabriceerd door het waarnemingsvermogen zelf) wordt sterker naarmate de manifeste aanwezigheid verdwijnt' – zoals mijn collega Gerald Siegmund het heeft beschreven in zijn onlangs verschenen verhandeling over 'afwezigheid'.[7]

Juist bij concerten is het dikwijls de dirigent die enerzijds de eigen verantwoordelijkheid van de musici, en anderzijds de zelfstandige waarneming van het publiek in de weg staat. Elias Canetti verklaart hoe dit komt:

> Er is geen aanschouwelijker uitdrukking van macht dan de activiteit van een dirigent. [...] De onbeweeglijkheid van de toehoorders hoort evenzeer tot het totale concept van de dirigent als de volgzaamheid van het orkest. De toehoorders hebben de plicht om stil te blijven

zitten. Voordat hij opkomt, voor het concert begint, bewegen en praten ze vrijuit door elkaar [...] Tijdens de uitvoering is de dirigent in de ogen van de menigte in de zaal een leider. Hij is de levende belichaming van de wet, die beschikt over beide zijden van de morele wereld. Hij bepaalt met een handgebaar wat er gebeurt en wat niet hoort te gebeuren. Zijn oren tasten de lucht af, op zoek naar het verbodene. Voor het orkest belichaamt de dirigent dus feitelijk de volledige compositie, zowel in de gelijktijdigheid als de opeenvolging van de klanken, en omdat de wereld tijdens de uitvoering geacht wordt uit niets anders te bestaan dan uit dit werk, is de dirigent gedurende die tijd de heerser over de hele wereld.[8]

In het muziektheaterwerk *Eraritjaritjaka* brengt de acteur André Wilms Canetti's tekst ten gehore als een virtuoze, indrukwekkende monoloog, pal voor het voetlicht (de klassieke aanwezigheidspositie), waarna hij het podium verlaat – gevolgd door een cameraman. Vervolgens is hij alleen nog zichtbaar in live gefilmde videobeelden, die continu geprojecteerd worden op de achterwand van het toneel, de witte gevel van een huis. De toeschouwers zien hoe hij de foyer van het theater verlaat, in een auto gaat zitten, door de stad rijdt waarin het stuk wordt opgevoerd, na een paar minuten weer uit de auto stapt, een huis binnengaat en op een van de bovenste verdiepingen de deur van zijn appartement opent. De woorden die we daarbij horen zijn ontleend aan Canetti's aantekeningen: 'Een land waar iemand die "ik" zegt, prompt door de aarde verzwolgen wordt [afb. 20].'[9]

Eén ding is zonneklaar: de afwezigheid van de acteur gaat lang duren. De toeschouwers, bevrijd van de intensieve aanwezigheid van de acteur, die hen tot dusverre in zijn ban gehouden heeft, voelen plotseling ergernis en verwarring opkomen, maar ervaren tegelijkertijd ook een zekere ontspanning. Ze weten niet eens of de acteur, voor wiens optreden ze betaald hebben, ooit nog terug zal komen. Intussen maakt de camera zichtbaar hoe hij rondloopt in zijn appartement en allerlei ondramatische dingen doet: hoe hij brieven openmaakt en leest, aantekeningen maakt die ontleend zijn aan Canetti (bijvoorbeeld 'Leg niets uit. Geef het weer. Zeg het. Verdwijn.'[10]), hoe hij wasgoed opruimt, televisiekijkt, de krant leest en probeert op zijn eentje te leven, zonder dat werkelijk te kunnen – en telkens weer hardop denkt: 'Met anderen kun je niet leven. Zonder andere mensen kun je niet leven. Hoe moet je leven?'[11] En hij bakt roerei. De klok aan de wand van de keuken geeft de werkelijke tijd aan, en het ritme waarmee de acteur uien snijdt, valt samen met dat van een strijkkwartet dat live op het podium het *Kwartet in F* van Maurice Ravel speelt. Die twee gegevens tonen aan dat de door de video doorgegeven aanwezigheid synchroon en authentiek is.

Laten we nog even terugblikken op de verschillende tot dusver besproken pogingen om te komen tot een definitie van een 'theater van de afwezigheid'. Afwezigheid kan vorm krijgen als:

- De verdwijning van de acteur/uitvoerende uit het centrum van de aandacht (of zelfs totaal van het podium).
- Een opsplitsing van de aanwezigheid over alle betrokken elementen. Je zou dit ook een polyfonie van elementen kunnen noemen (waarbij de belichting, de ruimte, de teksten en de geluiden op te vatten zijn als onafhankelijke stemmen, zoals in een fuga van J.S. Bach).
- Een opsplitsing van de aandacht van de toeschouwer over een 'collectieve protagonist' met vele uitvoerenden, die hun individualiteit ten dele verbergen, bijvoorbeeld door het publiek de rug toe te keren.
- Het loskoppelen van de stem en het lichaam van de acteurs en het geluid en de instrumenten van de musici.
- Een desynchronisatie van het horen en het zien, een scheiding of verdeling tussen het visuele en akoestische podium.
- Het ontstaan van tussenruimte / ruimte om in te ontdekken / ruimte waarin plaats is voor emoties, verbeelding en bespiegeling.
- Het afzien van expressiviteit ('Het drama speelt zich niet af op het podium,' zegt Heiner Müller).
- Een leeg centrum: in de letterlijkste zin als een leeg toneel, dus als afwezigheid van een centraal visueel punt, maar ook als de afwezigheid van wat we het 'thema' of de 'boodschap' van een stuk noemen; dit is vergelijkbaar met de literaire stroming van de *nouveau roman* onder Franse schrijvers uit de jaren '50, zoals Alain Robbe-Grillet, die zijn thema's omcirkelde met irritante technieken in romans waarin de centrale thema's niet uitdrukkelijk benoemd worden, maar eerder permanent worden opgeroepen en naar voren gehaald voor de lezer (bijvoorbeeld jaloezie in *La Jalousie*).
- Afwezigheid van een verhaal, of, om Gertrude Stein aan te halen: 'Alles wat geen verhaal is, kan een spel zijn.'[12] 'Wat heeft het voor zin om een verhaal te vertellen, omdat er zo veel zijn en iedereen er zoveel kent en er zoveel vertelt [...] dus waarom zou je er nog een vertellen?'[13]
- Afwezigheid kan niet in de laatste plaats vorm krijgen door het vermijden van dingen die we verwachten, van dingen die we gezien hebben, van dingen die we gehoord hebben, van dingen die gewoonlijk worden gedaan op het podium. Of, opnieuw in de woorden van Elias Canetti, die we horen wanneer de acteur in *Eraritjaritjaka* uiteindelijk het raam van zijn appartement opendoet:

De rest van je leven doorbrengen op totaal nieuwe plaatsen. Geen boeken meer lezen. Alles verbranden waaraan je begonnen bent. Naar landen gaan waarvan je de taal nooit zult kunnen leren. Je verre houden van ieder uitgelegd woord. Zwijgen, zwijgen en ademen, het onbegrepene inademen. Wat ik geleerd heb, is niet wat ik haat; wat ik haat, is dat ik daarin woon.[14]

Op dat ogenblik ziet het publiek de acteur live op het podium een van de tot dan toe duistere vensters openmaken; achter het geopende venster in het appartement van de acteur worden de cameraman en het strijkkwartet zichtbaar – en langzaam dringt het tot de toeschouwers door dat de acteur het podium misschien nooit werkelijk heeft verlaten.

Deze complexe omkering van binnen en buiten, het spel met muziek, tekst, waarneming, misleiding en de plotselinge, verrassende schok van een onvoorziene aanwezigheid – dat alles wordt voor het publiek het eigenlijke drama in *Eraritjaritjaka*.

Na deze productie vonden mijn team en ik het interessant om door te gaan in deze richting. Het experiment dat we aangingen met *Stifters Dinge* (een stuk zonder uitvoerenden), draaide om deze vraag: zal de aandacht van de toeschouwer ook vastgehouden worden als een van de essentiële premissen van het theater – de aanwezigheid van een uitvoerende – volledig wordt genegeerd? Zelfs in de recentere definities uit de theatertheorie gaat het nog altijd over de gezamenlijke aanwezigheid of de gezamenlijke betrokkenheid van uitvoerenden en toeschouwers op hetzelfde tijdstip en op dezelfde plaats.[15]

Stifters Dinge werd dus een 'no-man show', waarin toneeldoeken, belichting, muziek en ruimte – alle elementen die gewoonlijk een voobereidende, ondersteunende, illustratieve of dienende functie hebben voor de voorstelling en de dominantie van de acteur – met een soort verlate gerechtigheid de protagonisten worden, samen met vijf piano's, metalen platen, stenen, water, mist, regen en ijs.

Wanneer er niemand meer op het podium is die de verantwoordelijkheid van het presenteren en representeren op zich neemt, wanneer er niets getoond wordt, moeten de toeschouwers de dingen zelf ontdekken. Deze zelfwerkzaamheid wordt pas mogelijk door de afwezigheid van uitvoerenden, die anders met demonstratieve vakkundigheid alle aandacht naar zich toe trekken. Pas door hun afwezigheid ontstaat de leegte die deze vrijheid en dit plezier mogelijk maakt.

In *Stifters Dinge* is de plaats van de uitvoerenden ingenomen door niet-antropomorfe machines en voorwerpen, elementen als gordijnen, water, mist, regen en ijs – en door akoesmatische stemmen. We horen lichaamloze stemmen, de stemmen van Claude Lévi-Strauss, William Burroughs en Malcolm X, en we horen ook vroege opnamen van anonieme stemmen uit Zuid-Amerika, Griekenland en Papoea-Nieuw-Guinea. Tijdens de bezweringen uit Papoea-Nieuw-Guinea zien we weerspiegelingen van water op een ballet van langzaam op en neer bewegende gordijnen.

Het effect van dergelijke akoesmatische stemmen wordt door mijn collega Helga Finter als volgt verklaard:

> De opgenomen stem wekt bij de toeschouwer de constructie van aanwezigheidseffecten op, omdat hij de gesproken woorden waarneemt als tot hem gericht. Dit valt terug te voeren op de akoesmatische status van een dergelijke stem, waarvan de oorsprong onzichtbaar blijft. De toeschouwer zal dan het gehoorde verbinden met het geziene, om hypotheses te formuleren over motivatie en causaliteit. Zijn scopisch verlangen ensceneert wat zijn invocatief verlangen [*invokatorisches Begehren*] kan horen. Op deze manier ensceneert de perceptieve intelligentie van de toeschouwer zelf de uitvoering, wanneer hij zijn eigen audiovisuele tekst weeft en leest.[16]

In het traditionele theater, dat gebaseerd is op tekst, en in het ballet en de opera herkennen de toeschouwers zich in de acteur, de zanger of de danser op het toneel; ze identificeren zich met de uitvoerenden en spiegelen zich aan hen. Dit werkt uiteraard niet zo in *Stifters Dinge*, en het is ook in mijn vroegere stukken maar zelden het geval. In plaats van zowel de uitvoerende als de waarnemende persoon zelfbevestiging te bieden, zou een 'theater van de afwezigheid' in staat kunnen zijn om een artistieke ervaring teweeg te brengen die niet noodzakelijkerwijs gelegen hoeft te zijn in een *direct* treffen (met de acteur), maar in een ervaring via *alteriteit*.[17] Alteriteit moet hier niet worden opgevat als een directe relatie tot iets anders, maar als een indirecte driehoeksverhouding, waarbij theatrale identificatie vervangen wordt door een ongewisse confrontatie met een bemiddelende derde grootheid, iets wat we zouden kunnen aanduiden als het 'andere'. Afwezigheid als de aanwezigheid van het andere, als een confrontatie met een ongezien beeld of een ongehoord woord of geluid, een ontmoeting met krachten die mensen niet kunnen beheersen, die zich aan onze greep onttrekken.

Wat begon als een tamelijk formeel experiment, werd, doordat de elementen zelf het toneel betraden, als het ware een antropologisch en ecologisch thema voor mijn team, het publiek en mij [afb. 21]. In de eerste tien minuten ziet het publiek een geprojecteerd beeld van *Het moeras* (1660), een schilderij van de Hollandse schilder Jacob Isaackszoon van Ruisdael. Tegelijkertijd horen wij op het akoestische toneel de stem van een Schots acteur die een winterverhaal voorleest over vallend ijs in een bos. 'We wachtten en keken toe; ik weet niet of het bewondering was of angst om dieper dat ding in te rijden.'[18] Dit is afkomstig uit een verhaal van de Oostenrijkse schrijver Adalbert Stifter. Dat is de schrijver naar wie de titel van mijn stuk verwijst, dat ten dele geïnspireerd is door Stifters behoefte zo nauwkeurig mogelijke beschrijvingen te geven van details uit de natuur, van ecologische rampen, onbekende voorwerpen, vreemde gewoonten en verre culturen – wat hij allemaal placht aan te duiden als 'het ding' (*das Ding*).

Na het voorlezen van Stifters wintervertelling brengen vijf piano's, een aantal metalen platen en een nevelmachine gezamenlijk een soort concert ten gehore, waarna het begint te regenen [afb. 22].

Nu, na meer dan 150 uitvoeringen, heb ik het idee dat het experiment werkt. Toeschouwers reageren eerst met onbegrip, dan geërgerd en met verhoogde aandacht. Ze voelen zich intellectueel en emotioneel aangesproken. En ze laten me dikwijls met opluchting weten: 'Eindelijk is er niemand op het podium die zegt wat ik moet denken.' Het spijt me dat ik hier het tegenovergestelde heb moeten doen.

Noten

1. Vgl. Gerald Siegmund, *Abwesenheit: Eine performative Ästhetik des Tanzes*, Bielefeld 2006.
2. Friedrich Hölderlin, *Übersetzungen und Philosophische Schriften*, Weimar 1922, p. 247.
3. Gertrude Stein, 'Plays', in: *Writings, 1932–1946*, Catharine R. Stimpson en Harriet Chessman (red.), New York, Library of America 1998, pp. 244–269.
4. Edgar Allan Poe, 'Shadow: A Parable', in: James A. Harrison (red.), *The Complete Works of Edgar Allan Poe* (vol. 2), New York 1965, pp. 147–150.
5. Elinor Fuchs, 'Presence and the Revenge of Writing: Re-Thinking Theatre after Derrida', in: *Performing Arts Journal 26/27* (1985), p. 163v.
6. Ibid., p. 163.
7. Siegmund, op.cit., p. 81.
8. Elias Canetti, *Masse und Macht*, Hildesheim 1960, p. 442v.
9. Elias Canetti, *Das Geheimherz der Uhr, Aufzeichnungen 1973–1985*, Frankfurt am Main 1994, p. 181.
10. Ibid.
11. Elias Canetti, *Aufzeichnungen 1973–1984*, München 1999, p. 54.
12. Gertrude Stein, 'Plays', in: *Lectures in America*, Boston 1935, p. 260.
13. Ibid.
14. Elias Canetti, *Die Provinz des Menschen, Aufzeichnungen 1942–1972*, München/Wenen 1973, p. 204.
15. Erika Fischer-Lichte, *Ästhetik des Performativen*, Frankfurt am Main 2004.
16. Helga Finter, 'Der (leere) Raum zwischen Hören und Sehen: Zu einem Theater ohne Schauspieler', in: Till A. Heilmann, Anne von der Heiden en Anna Tuschling (red.), *medias in res. Medienkulturwissenschaftliche Positionen*, Bielefeld 2011, pp. 127–138.
17. André Eiermann, *Postspektakuläres Theater: Die Alterität der Aufführung und die Entgrenzung der Künste*, Bielefeld 2009.
18. Adalbert Stifter, 'Die Mappe meines Urgroßvaters', in: Herwig Gottwald en Adolf Haslinger i.s.m. Walter Hettche (red.), *Adalbert Stifter Werke und Briefe. Historisch-Kritische Ausgabe 6.1.*, Stuttgart 1998, p. 304.

Blue/Black/Blue (pp. 88–152)
© 2018 Irma Boom

HEINER GOEBBELS

21 Stifters Dinge (2007)

AESTHETICS OF ABSENCE

22 Stifters Dinge (2007)

I could easily show you a fifty-minute video of one of my recent works, a performative installation without any performer (*Stifters Dinge*), then go away, and the topic of absence would be well covered. But maybe we should reflect instead on how this topic has developed over the years in my works in order to understand better what happens and what I mean by 'absence.'

How did it all start? Maybe with an accident in 1993 during rehearsals of a scene from a piece called *Ou bien le débarquement désastreux* (*Or the Hapless Landing*), one of my earliest music-theatre plays, with five musicians and one actor [fig. 19].

Magdalena Jetelová, a highly renowned artist from Prague, created the stage: a gigantic aluminum pyramid that hangs upside down, has sand running out of it, and can be completely inverted during the show, and a giant wall of silk hair, driven smoothly by fifty fans behind it (which also drove the actor crazy). In one scene the actor disappears behind the wall of hair, in another he is sucked in completely by the hanging pyramid and then comes back, minutes later, head first. After the rehearsal of these scenes Magdalena Jetelová went directly to the actor, André Wilms, and enthusiastically told him: 'It is absolutely fantastic when you disappear.'

This is definitely something you should never say to an actor, and this one became so furious that I had to ask the set designer kindly not to visit any more rehearsals. But far more interesting is the intuitive grasp with which she was able to question in an instant – from her point of view as a visual artist – a very important condition in performing arts.

For despite some radical (and later ignored) experiments by the theatrical avant-garde at the beginning of the twentieth century (including plays by Gertrude Stein and approaches by Vsevolod Meyerhold, Adolphe Appia, and many other artists), and despite the intriguing experiments by American artists such as Bob Wilson, Richard Schechner, Richard Foreman, and others in the 1960s and 1970s who proposed a performance-oriented theatre against the intimidating authority and gravity of texts – despite all that: theatre and opera are still widely based on the classic concept of the artistic experience in terms of direct presence and personal intensity, a centralized focus on expressive protagonists (actors, singers, dancers, and instrumentalists): secure soloists – secure in their roles, figures, and bodies.

Among all performing arts contemporary dance alone has been raising questions of subject and identity, and translating them into a choreography of a fragmented, delocated, unfinished, deformed, or disappearing body since the 1980s. (See Gerald Siegmund's *Abwesenheit*, a study of absence as a performative aesthetics of dance.) Theatre and opera refuse to consider their classic assumptions. Occasionally they will change the text of a play, sometimes they change the sound of an opera, but never more than this. And speaking as someone who knows the gravity of educational institutions for actors and directors, I can reassure you this will go on for a while.

What was just a short moment in *Ou bien le débarquement désastreux* became an anecdote from this production and a crucial aspect for my work.

In this piece the moment of presence is already divided. The actor has to share it and accept sharing it with all the elements involved and produced by the reality of the set (which is not illustrative decor but itself a piece of art): the confrontation between text and music, the separation between the voice and the body of the actor, the sudden clash between one music and another (music by two griots from Senegal and my own music performed by trombone, keyboards, and electric guitar), the clash between one scene and another. Between these 'separate elements,' as Brecht put it, distances occur, blank spaces for the spectator's imagination.

In his *Notes on the Antigone* Friedrich Hölderlin already stressed a 'poetic logic' regarding theatre, a poetic logic that for him, unlike analytical or philosophical 'logic,' lays claim to many of our perceptive abilities. He talks about 'various successions in which idea, and feeling and reflection develop, according to poetic logic,' which appeals to the most varied senses and modes of perception – and does not follow a linear narrative form. For Hölderlin, 'poetry treats the different faculties [...] so that the representation of these different faculties makes a whole,' and 'the connection between the more independent parts of the different faculties' is something he calls 'the rhythm' (p. 237). *Ou bien le débarquement désastreux* offers neither a complete image, nor a musical chronology, nor a linear narration. Three texts allude to possible internal topics that arise personally and individually for the spectator as a result of the entire performance as such: Joseph Conrad's *Congo Diary*, a prose text called *Herakles 2 or the Hydra* by Heiner Müller, and a poem on pine wood by Francis Ponge. Topics circulate around the fear of the stranger, violence and colonization, an insistence on acknowledgement and respect for ethnic differences rather than shared traits; or to put it with Maurice Blanchot: 'The other is not your brother.'

By the way, all the voices in this piece were in French or Mandingo, languages that some people might not understand. I actually do not mind that a bit. One can 'rest in it untroubled,' as Gertrude Stein says when she describes her first theatre experiences: 'I must have been about sixteen years old and [Sarah] Bernhardt came to San Francisco and stayed two months. I knew a little French of course but really it did not matter, it was all so foreign and her voice being so varied and it all being so French I could rest in it untroubled. And I did. [...] The manners and customs of the French theatre created a thing in itself and it existed in and for itself. [...] It was for me a very simple direct and 'moving pleasure'' (pp. 258–59).

And theatre as a 'thing in itself,' not as a representation or a medium to make statements about reality, is exactly what I try to offer.

In such theatre the spectator is involved in a drama of experience rather than looking at drama in which psychologically motivated relationships are represented by figures on stage. This is a drama of perception, a drama of one's senses, as in those quite powerful confrontations of all the elements – stage, light, music, words – in which the actor has to survive, not to act. So, the drama of the 'media' is actually a double drama here: a drama for the actor as well as a drama for the perception of the audience.

This divided experience probably explains why two years later – in the performance *Black on White* – I put the weight, not on the virtuosity of a brilliant actor but on the shoulders of eighteen musicians in the Ensemble Modern; a collective protagonist, so to speak. This was therefore also a statement against an art form that is often entirely hierarchical: in its organization and working process, in the use of theatrical elements, in its artistic result, up to the totalitarian character of its aesthetic and relationship towards the audience.

In this piece, the musicians of the Ensemble Modern do not vanish in the pit for the benefit of soloists. They discover their own abilities in doing other things beyond their musical virtuosity: writing, singing, sorting things, playing badminton and all sorts of games, hitting the drums with tennis balls or failing to do so, and reading: 'Ye who read are still among the living: but I who write shall have long since gone my way into the region of shadows.' (Poe, p. 147)

This early anticipation of the 'death of the author' in Edgar Allan Poe's parable *Shadow* should not only be taken literally (in reference to Heiner Müller, the friend and German author who had recommended this text to me before he died while rehearsals for *Black on White* were under way). The absence here is to be found on other levels as well: as a refusal of any dramatic action, for example. I think 'little seems to happen,' said Ryan Platt in his introduction to a screening of the film version of *Black on White* at Cornell two weeks ago.

And *Black on White* is a piece on writing. 'Writing, which has traditionally retired behind the apparent presence of performance, is openly declaring itself the environment in which dramatic structure is situated,' as the theatre scholar Elinor Fuchs wrote in 1985. 'The price of this emergence, or perhaps its aim, is the undermining of theatrical Presence,' which also undermines the self-given presence of the actor (pp. 163–64). Presence is doubly reduced in *Black on White* by the rather amateurish 'non-presence' of the musicians, who never did anything similar before.

You can observe the un-expressive, un-dramatic, but highly concentrated faces of the performers, who do not pretend to be anyone other than themselves as musicians in that very space and moment while we watch them. Often turning their backs towards the audience and dividing the attention of the audience across the landscape of eighteen simultaneously active persons. To cite Elinor Fuchs again: 'A theatre of Absence [...] disperses the center, displaces the Subject, destabilizes meaning' (p. 165). In this performance we as spectators have to focus ourselves (forget for a moment that it is done here for you by the camera and the editing of this film clip). This is similar to aspects of a later piece with the same musicians (*Eislermaterial*), where the centre stage is empty all the time. The musicians all sit on the three sides of the stage during the performance, and 'presence' happens on an acoustic level purely by close amplification. Structural hindrances/resistances/difficulties for the musicians (the distance between them, the separation of the strings, and so on) help to visualize for the audience the communicative process of an ensemble responsible for itself without a conductor. In the conductor's place you find only a little statue of the composer Hanns Eisler, a close friend and collaborator of Bertolt Brecht.

Strangely enough – though I had been warned by serious professionals – the audience's attention did not fade away with the absence of any spectacular visual distraction during the performance. 'The experience of fabricated presence – self-produced in the act of perception – grows to the degree that the demonstrated presence disappears,' as my colleague Gerald Siegmund phrased it in his recently published study on 'absence' (cited in my translation from *Abwesenheit*, p. 81).

Speaking about concerts, I would say that it is often the conductor in concerts who prevents the self-responsibility of the musicians, on the one hand, and a self-responsible perception of the audience, on the other. Elias Canetti tells us why:

'There is no more obvious expression of power than the performance of a conductor. [...] The immobility of the audience is as much part of the conductor's design as the obedience of the orchestra. They are under a compulsion to keep still. Until he appears they move about and talk freely among themselves. [...] During a concert, and for the people gathered together in the hall, the conductor is a leader. [...] He is the living embodiment of law, both positive and negative. His hands decree and prohibit. His ears search out profanation. Thus for the orchestra the conductor literally embodies the work they are playing, the simultaneity of the sounds as well as their sequence; and since, during the performance, nothing is supposed to exist except this work, for so long is the conductor the ruler of the world.' (*Crowds and Power*, pp. 394–96)

This text is presented as an impressive monologue by the actor André Wilms in the music-theatre piece *Eraritjaritjaka* before he leaves the stage, followed by a camera man, while his live video-image continues to be projected onto the backdrop of the stage, the white façade of a house. The audience sees how he leaves the foyer of the theatre, enters a car, drives through the city in which the piece is being performed, leaves the car after a few minutes of driving, and enters his apartment. The words we hear, are taken from Canetti's notebooks: 'A country where anyone who says 'I' is immediately swallowed up by the earth' (*The Secret Heart of the Clock*, p. 129) **[fig. 20]**.

It is obvious: the actor's absence is going to be a long one. The audience, released from the strong presence of the actor's earlier monologue, is irritated, confused, and relaxed at the same time. Audience members do not even know if the actor, whom they paid to see, will ever come back. The camera follows him to his apartment, where he does undramatic things: opening and reading letters, making notes that borrow from Canetti (such as 'Explain nothing. Put it there. Say it. Leave.', from *The Secret Heart of the Clock*, p. 106), sorting the laundry, watching television, reading the newspaper, living alone without being able to – thinking aloud: 'You can't exist with human beings. You can't exist without human beings. How can you exist?' (in my translation from Canetti's *Aufzeichnungen 1973–1984*, p. 52). And he is preparing scrambled eggs. The clock at the back of the kitchen shows the actual time, and the rhythm in which the actor cuts onions is in sync with a quartet on stage playing a string quartet by Maurice Ravel. Both prove the liveness of the mediated presence.

Let's recap the different concepts of a 'theatre of absence' as they have been discussed so far. Absence can be understood as:

- the disappearance of the actor/performer from the center of attention (or even from the stage altogether)
- a division of presence among all elements involved; you could also call it a polyphony of elements (in the actual sense of a sort of independent voice of the light, the space, the texts, the sounds (as in a fugue by J.S. Bach)
- a division of the spectator's attention to a collective protagonist with performers who often hide their individual significance by turning their backs towards the audience
- a separation of the actors' voices from their bodies and of the musicians' sounds from their instruments
- a de-synchronization of listening and seeing, a separation or division between visual and acoustic stage
- the creation of spaces in-between, spaces of discovery, spaces in which emotion, imagination, and reflection can actually take place
- an abandonment of dramatic expression ('the drama doesn't happen on stage,' says Heiner Müller)
- an empty centre: literally, as an empty centre stage, meaning the absence of a visually centralized focus, but also as the absence of what we call a clear 'theme' or message of a play; we could compare the empty center with the nouveau roman by French authors in the 1950s, such as Alain Robbe-Grillet, who surrounded his topics with irritating techniques, in novels in which core themes are not even explicitly mentioned but rather permanently provoked and obsessively produced for the reader (for example, jealousy in *La Jalousie*)
- absence of a story, or to paraphrase Gertrude Stein: 'anything that is not a story can be a play' (see her essay 'Plays', in *Lectures in America*). 'What is the use of telling a story since there are so many and everybody knows so many and tells so many [...] so why tell another one?' (p. 260)
- and last but not least, absence can be understood as avoiding the things we expect, the things we have seen, the things we have heard, the things that are usually done on stage. Or in the words of Elias Canetti again, which we hear when the actor in *Eraritjaritjaka* finally opens the window of his apartment:

'To spend the rest of one's life only in completely new places. To give up books. To burn everything one has begun. To go to countries whose languages one can never master. To guard against every explained word. To keep silent, silent and breathing, to breathe the incomprehensible. I do not hate what I have learned; I hate living in it.' (*The Human Province*, p. 160)

In this moment the audience sees the actor live on stage opening one of the black windowpanes in the backdrop and slowly – seeing the camera man and the string quartet through those windows in the actor's living room – the audience understands that he might have never really left the stage.

This complex twist of inside and outside views, of music, text, perception, deception, the surprising sudden shock of an unforeseeable presence – this becomes one of the actual dramas in *Eraritjaritjaka* for the audience.

And we – my team and I – became interested in going further after this production. The experiment we tried with *Stifters Dinge* (a piece without a performer) was this: Will the spectator's attention endure long enough if one of the essential assumptions of theatre is neglected: the presence of an actor? Even more recent definitions in performance theory still speak of the co-presence or common attendance of performers and spectators at the same time in the same space (see Erika Fischer, *Lichte, Ästhetik des Performativen*, on this critical point).

So, *Stifters Dinge* became a 'no-man show,' in which curtains, light, music, and space, all the elements that usually prepare, support, illustrate, and serve a theatrical performance and the actor's dominance, become – in a kind of justice long deferred – the protagonists, together with five pianos, metal plates, stones, water, fog, rain, and ice.

When nobody is on stage to assume the responsibility of presenting and representing, when nothing is being shown, then the spectators must discover things themselves. The audience's sense of discovery is finally enabled by the absence of the performers, who usually do the art of demonstrating and binding the audience's vision to them by attracting total attention. Only their absence creates the void in which this freedom and pleasure are possible.

In *Stifters Dinge* the performers are replaced by non-anthropomorphic machines and objects, elements such as curtains, water, fog, rain, and ice – and by acousmatic voices. We hear bodyless voices, the voices of Claude Lévi-Strauss, William Burroughs, and Malcolm X, and we also hear early recordings of anonymous voices from South America, Greece, and from Papua New Guinea. During the incantations from Papua New Guinea we see reflections of water on a ballet of curtains slowly moving up and down. The effect of such acousticmatic voices is explained by my colleague Helga Finter:

'The recorded voice suggests to the spectator the construction of presence-effects, since he perceives the spoken words as addressed to him. This can be traced to the acousmatic status of such a voice, the source of which remains invisible. The spectator will thus connect what he hears with what he sees in order then to formulate hypotheses about motivation and causality. His scopic desire stages what his invocatory desire [*invokatorisches Begehren*] is able to hear. In this way the perceptive intelligence of the spectator's own senses actively stages the performance when the spectator weaves and reads his own audiovisual text.'

In traditional theatre, which is based on literature, and in opera, subjects in the audience recognize themselves in the actor or singer or dancer on stage; they identify themselves with the performers and mirror themselves in them. This obviously does not work in *Stifters Dinge*, and it rarely works in my earlier pieces. Instead of offering self-confirmation to both a performing and a perceiving subject, a 'theatre of absence' might be able offer an artistic experience (and here I refer to a recent publication by André Eiermann entitled *Postspektakuläres Theater*) that does not necessarily have to lie in a direct encounter (with the actor), but in an experience through alterity. Alterity is to be understood here, not as a direct relation to anything, but as an indirect and triangular relationship whereby theatrical identification is replaced by a rather insecure confrontation with a mediated third, something that we might term the other. Absence as the presence of the other, as a confrontation with an unseen picture or an unheard word or sound, an encounter with forces that people cannot master, that are out of our reach.

What started as a rather formal experiment became – through the elements entering the stage themselves – a rather anthropological and ecological topic for my team, the audience, and me **[fig. 21]**.

Over the course of ten minutes the audience sees a projection of a painting called 'The Swamp' by the Dutch painter Jacob Isaackszoon van Ruisdael (1660). At the same time, we hear on the acoustic stage the voice of a Scottish actor reading a winter story about an icefall in a forest. 'We listened and stared; I don't know whether it was amazement or fear of driving deeper into that thing' (*Stifter*, p. 304). This is from a story by the Austrian author Adalbert Stifter (in Miriam Heard's translation for the 2007 program brochure for *Stifters Dinge* in Lausanne). This is the author who lent his name to my piece, which was inspired in part by Stifter's careful insistence on the description of details in nature, of ecological disasters, unknown objects, strange habits, and remote cultures – all of which he always called 'the thing' (*das Ding*).

After the reading of Stifter's wintry tale, five pianos, some metal plates, and a fog machine all together play a sort of concert, before it begins to rain **[fig. 22]**.

Now, after more than 150 performances, it seems to me, the experiment works. Audience members react with puzzlement, irritation, and heightened attentiveness. They are intellectually and emotionally animated. And they often let me know with relief: 'Finally nobody on stage to tell me what to think.' I am sorry I have had to do the opposite here.

Works Cited

- Elias Canetti, *Crowds and Power*, transl. Carol Stewart, London, Victor Gollancz Ltd., 1962
- Canetti, *Aufzeichnungen 1973–1984*, Munich, Hanser Verlag, 1999
- Canetti, *The Human Province.*, transl. Joachim Neugroschel, New York, Seabury Press, 1978
- Canetti, *The Secret Heart of the Clock: Notes, Aphorisms, Fragments, 1973–1985*, transl. Joel Agee, New York, Farrar Straus Giroux, 1989
- André Eiermann, *Postspektakuläres Theater: Die Alterität der Aufführung und die Entgrenzung der Künste*, Bielefeld, Transcript, 2009
- Helga Finter, 'Der (leere) Raum zwischen Augen und Ohr: Zu einem Theater ohne Schauspieler', in: Till A. Heilmann, Anne von der Heiden, and Anna Tuschling (ed.), *medias in res. Medienkulturwissenschaftliche Positionen*, Bielefeld, Transcript, 2011
- Erika Fischer-Lichte, *Ästhetik des Performativen*, Frankfurt am Main, Suhrkamp, 2004
- Elinor Fuchs, 'Presence and the Revenge of Writing: Re-Thinking Theatre After Derrida', in: *Performing Arts Journal 26/27* (1985), pp. 163–173
- Friedrich Hölderlin, 'On Tragedy: Notes on the Oedipus, and Notes on the Antigone', transl. Jeremy Adler, in: E.S. Shaffer (ed.), *Comparative Criticism 5*, Cambridge (UK), Cambridge University Press, 1983, pp. 231–244
- Edgar Allan Poe, *Shadow: A Parable*, in: James A. Harrison (ed.), *The Complete Works*, Vol. 2., New York, AMS, 1965, pp. 147–150
- Gerald Siegmund, *Abwesenheit: Eine performative Ästhetik des Tanzes*, Bielefeld, Transcript, 2006
- Gertrude Stein, 'Plays', in: *Writings 1932–1946*, Catharine R. Stimpson and Harriet Chessman (ed), New York, Library of America, 1998, pp. 244–269
- Adalbert Stifter, 'Die Mappe meines Urgroßvaters', in: Herwig Gottwald and Adolf Haslinger in collaboration with Walter Hettche (ed), *Adalbert Stifter Werke und Briefe. Historisch-Kritische Ausgabe 6.1*, Stuttgart, Kohlhammer, 1998, pp. 215–329

PETER SELLARS

23 Table/茁 (2018)

**PROBLEM =
SOLUTION**

On the 2nd of May 2018, renowned director, practitioner, and professor Peter Sellars delivered a masterclass at the Dutch National Opera on his personal thoughts and experiences of developing opera. The recipients, students of the University of Amsterdam and the University of the Underground, were forming their own concepts for potential new operas as part of their studies, all based on the idea of trauma experienced within institutions and organizations in the Netherlands. This is how he responded to them.

One of the first and most important rules in life to observe as a person or as an artist is: you should only do the things that need to be done. Most people, when they make something – especially opera – do everything that doesn't need to be done. And we are surrounded by many operas that nobody actually needs, so the idea that you have spent the last months researching and developing projects that reflect the urgent questions in front of all of us that will then morph into interdisciplinary and interactive operas, is fantastic. It's essential to look around you and see what needs to be done, what is missing from this picture, and then to do it. Not alone, but with a small, diverse and committed community of people. I am deeply moved and thrilled by each of your presentations and I want to thank the organizers for the brilliant assignment prompt, and I want to thank the artists for your beautiful, insightful and powerful responses.

Seeing all the presentations in sequence without intervening commentary revealed, as usual, that the best commentary on each project is the project proposed by the next group. It was so cool to see that something missing from one project would appear in a surprising form in the work of the next group. Please refer to each other's projects to address the weaknesses of your own process and current problems. The answers exist within your rich and amazing community. Whatever you're stuck on, please check out another group's strategy. And meanwhile, just feel the exhilaration of the inspiration flow that is the result of a lot of hard work that is being done by people you love and care about and are beginning to know.

Subject matter is crucial. I am so impressed that the assignment asked each group to embed themselves in a social organization that is on the cusp of important transformative work on a day-to-day basis – changing lives, healing, reimagining broken structures, and rehabilitating broken people. It's very impressive that nobody is making work based on a story you've read in the newspaper. With all due respect to courageous journalists and path-breaking journalism, my usual rule is, if it's in the newspaper, then don't touch it, and if something's not being covered in the newspaper, start making your work about that subject. That is really powerful, because as artists you have gone to a place where most people in this society are not only under informed but often deliberately misinformed, and you begin to taste the possibilities that not only belong to us as artists but in fact constitute our core job description.

Let me immediately honour the depth and quality of collaboration within each group. I was very moved by the quality of respect, regard, intention, and interest in the group for each other. May I thank you for that? One of the hardest things about collaborative work, and one of the hardest things about working in organizations, is that when faced with a lot of people in pain, many people respond unhelpfully with their own ego. You can smell the bad odour of opportunism, exploitation, and ambulance chasing in art and in journalism. Thank you for the fineness and seriousness of your motives and thank you for honouring your subject matter by first honouring each other.

There are so many things that are extremely satisfying in your presentations. The use of an electric tea kettle steaming up a room to image pressure within and around a family of North Korean refugees is brilliant, simple, tactile, honest – and theatrical (with nearly no budget) **[fig. 23]**. So often when people think of opera they say, 'Oh, you need a big budget, you need this, you need that'. And actually. you just need something real that operates as both a reality check and a metaphor. The all-weather purple jacket of the nascent bicycle delivery union is a testimony to coolness, an extremely impressive piece of swag, and evidence of change. You just need some real stuff, real people and a real feeling. You don't need spectacle because, as I like to say, the Pentagon is handling that. In fact, spectacle is the problem in our society right now, so to not be a part of the society of spectacle is actually fantastic. Please continue thinking big and small at the same time, and what most operas make big, please make that small. What most operas make small, please make that big.

Do not assume the same old spectator-'thing' relationship. A lot of people were treating the spectator as some 'thing', right? In your presentations the spectator was often treated as a rarefied, stupid lump of 'something'. Please don't do that. Every spectator is a human being who is as complex, contradictory, and unfathomable as you are. We're in a place now where we don't need any of these binaries – spectator/performer, audience/artist, society/activist. That is a totally capitalist construction. Capitalism tells you that all you did is buy a ticket. You are a consumer, not a citizen. You have no rights. You have no vote. You are just a spectator. This type of thinking encourages proto-fascist, totalizing attitudes and behaviours from artists, and a depressing passivity from the public. And of course, it repeats the cynical behaviour of our 'democracies', which are not interested in representation, but want us to be passive receptacles while they make the show, create policies, and manipulate their results.

The elite in the State Department are preparing the show, and the rest of us are supposed to sit and watch. Can we please come to a more interesting set of relationships? What the world is about right now is a more interesting set of relationships. So, I'm asking you to think deeper about what your relationship to people who you want to be in the room with might be. Can the relationships be more interesting that the capitalist model of someone who bought a ticket and sits in Row J? Can we mix that up and really say that theatre is capable of creating a whole other set of human relationships that we're actually needing at this time? Let's try and find those relationships. Theatre and music are structures and modes of consciousness that invite, imagine, and realize new social possibilities. From its earliest forms – ritual in Java, a Korean shaman ritual, or a Chinese ancestral ritual – there is no spectator/performer separation. There are only participants. The entire event is created so that a community can be mobilized for something that they actually have to deal with, and the performance itself creates the conditions for mutual and self-empowerment across members of the community. Ritualized theatre and music exercise magic powers, healing powers, that weave and re-weave and bind and un-bind broken tissue, broken lives, broken flesh, and broken spirits.

The last few generations of people making theatre in the West, by contrast, really prided themselves on making unbelievably depressing and devastating theatre where you leave the building feeling horrible and feeling you have no right to exist. When I was younger, many of my productions had that overwhelming and brutal power but I'd like to think they also had something else.

Obviously, this is not your problem. But in the next generation, I think you can go further and on the evidence of this evening's presentations, I think that you and your colleagues have earned the right to propose and demonstrate solutions, and not just endlessly problematize the controversies in front of us. Actually, having dinner is a solution. Sitting down, breaking bread, and being human is a solution. For me, I would love each of your pieces to move across the line, to go from being a commentary to actually offering and demonstrating something that can be done. Most of the crises that we face do not require someone with an advanced degree to solve them. In fact, many of the crises have been created by people with advanced degrees. The crises that we face are not conservative or liberal; they are human. The minute you can locate the problem in a human place, which is what we can do as artists, then it's no longer about the ideological battlefield, it's no longer evoking the polarization that is flooding our minds, or the sense of overwhelmed helplessness. Theatre and music are about the experience of moving through a crisis, and experience is the only way to learn. At this point in history, we need to be learning together, not separately.

Just to give you an example of what we did in the Holland Festival a few years ago – a little bit of structural thinking. We made a big refugee project in eight countries using the play *Children of Herakles* by Euripides. In the production, the kids in the play don't speak, just like the kids at Schiphol Airport right now; taken off planes, but they don't get to say anything in their defense. They're not permitted to be involved in deciding about their futures. Euripides wrote *Children of Herakles* that way. What we did in every country was work through the entire immigration system, so every night we had 30 or 40 people without papers (including a lot of young, unaccompanied minors) onstage with the performers. Before the performance, we had a public discussion with a range of speakers: refugees, ministers of the interior, border guards, immigration judges. Before the public talk, we had two dinners – one for the kids from detention centres, and one with the guest speakers. We had judges and ministers eating with refugees, like the young Nigerian who had spent a decade living in a detention centre, his life in limbo. These people never have the opportunity for this kind of human exchange and it was very impactful for everyone. After each performance, we invited the audience to break bread with everyone in the performance and pre-show talk so that the conversation could continue.

Gradually, something human started to take place. We invited them to go out in front of the public and continue that conversation. That conversation was very intense because, as you probably know, in the immigration process and the refugee process, the people coming here have to lie because we only accept three stories. So, what actually happened to them? They cannot say. They have to tell one of the stories that will get them in. Meanwhile, the immigration judge has a sheet of things that they have to check and so it doesn't matter what she or he thinks, because this checklist has already determined what's going to happen to the refugees. In the 45-minute interview which decides the future of a human being, both sides are unable to be truthful. *Children of Herakles* was made to create a space of honesty as an art project, where these two people could, for the first time, not lie to each other. This person without papers could actually speak honestly about what's going on and the immigration judge could actually reply candidly. We created this space of honesty because the official place was a place of dishonesty. You announce an art project and, believe it or not, the Minister of the Interior says, 'OK, I'll come.' Since it's an art project, it's not their usual job, it's not their usual thing. You can get interesting people to show up. You can get an immigration judge. You can get a border guard (who has never been recognized ever) and, actually, they are human beings. So, let's meet them as human beings and not as this stereotype.

What people are looking for and what the arts give is the notion that everybody wants some kind of fluidity in their identity. Most everyone is trapped into some narrow identity. That's who you are, that's what you do, every day, and that's your limit. Of course, no human being is like that. We all have incredibly fluid identities, but we all buy into the idea that 'we can only do one thing, this way, every day'. So, what the art project does for an immigration judge is say, 'OK, what if your identity could be more fluid? What could you also think about?' I always started the conversations involving the person living on the street and the immigration judge with, 'Tell me, when you wake up at four in the morning, what are you thinking?' We just start from there. Then we switch over and we do the play by Euripides with the kids in it.

The play has a Greek chorus – so the chorus are reporters and people in the media. Every night there were major reporters from television or newspapers who were asking the questions about the characters. That means we got media in the room. In Paris, for example, we had three pages in *Le Monde* and three pages in *Le Figaro*. Every one of those kids' biographies was printed in the newspapers. We got the media in the room, so they were part of the project and it created a new set of relationships again.

While the audience had been sitting and watching the kids, the kids were silent and just looked at the audience. It's a long play, and finally the Athenians say, 'OK, these kids can come into our country.' And while the play has been going on, a whole bunch of refugees would be cooking in a restaurant across the street. The whole audience was then invited to have food with the kids in the play, the kind of kids that the audience members would not have talked to if they were standing next to them at a bus stop. They wouldn't know how to start a conversation with them. They've been silent all night and now they're having dinner with the kids. That's the third dinner of the night.

This is what I'm trying to get at; please think structurally in terms of what needs to be done. How do we think of a structure that could begin to shift things, hold people in new relationships, or sustain equilibrium? Can we begin to not just give people a show but give people an experience? How do we give people an experience which begins to shift the way they think of themselves and other people? As we know, there is no evil. There is only ignorance. Ignorance falls away in the face of meeting and spending time with people and in situations that you have previously demonized. Theatre was invented as a way of doing that safely. How far you can imagine and support and sustain new relationships is the measure of your work. In our increasingly segregated society, what's missing is the direct experience and engagement with people who are not like you and whose life circumstances are unlike yours. Theatre asks you to enter their lives and asks that you create enough space in your own being to allow other people to live there.

Your projects have placed you in residencies in a wide range of institutions. I must plead with you to engage with these institutions fully. The people in these institutions are profoundly admirable; they are courageous and wonderful and committed and do important work every day against overwhelming odds, but they also are nearing burnout. Social and political work is exhausting. It's depressing. You're on the wrong end of the numbers and there is always more to do every day than you can possibly face. When most people join institutions as younger people, it is with high idealism and the freshness and certainty of the promise of creating change. Day in and day out, institutional life wears you down, encourages you to fall back on formulas, and begins to erode your trust in the very people whom you are trying to serve. Your job as artists entering these institutions is to renew and revitalize these institutions, the staff, and the clients. You have to bring new energy, creative approaches, and the kind of freedom that the systemic demands of institutional life have put out of reach.

Whatever you're dealing with is a culture. There is a culture of people who love guns. There is a culture of people who hate guns. There is a culture of people who hate gay people. There is a culture of people who love gay people. Everything is a culture, not an ideological position. It's a living culture. So, all of our questions, obstacles, and controversies have to be treated as cultural questions.

When your group walked into the International Criminal Court, you could immediately feel that the culture itself is in a kind of denial about on-the-ground realities – the architecture of the building and the courtroom itself tells you how far from the muddy complications of the Congo or a CIA station in Laos the International Criminal Court is. Looking around that room, it's very hard to find the real world. The architecture is trying to maintain blankness, the imperviousness of a lofty abstraction, which is finally a nightmare. As an artist, how do you bring the Congo into that room? What would it feel like, taste like, sound like if the Congo arrived in this antiseptic room, in all of its violence, colour, wildness, and humanity [fig. 18]?

As you enter these institutions and begin to become trusted and inspiring colleagues; dig into your first layer of research, pay attention, take careful notes. But what you are here to do as an artist is to reinvent the vocabulary. We are all using pathologizing vocabulary that's at least two generations old, which in itself has become the problem. Labelling people as trauma victims does not help anyone. Reinforcing these categories, which are designed to separate people, to isolate people, in fact, has the inevitable result of traumatizing them further.

In order to describe their work in the media and enter the space of public consciousness, organizations frequently have to describe themselves in clichéd terms because that's what the newspaper will print and that's what the public will digest. But in fact, those clichés are the problem. We need to redo every single word in the mission statement that characterizes people on drugs. Try replacing the word 'trauma' with the word 'human'. Try to go to the place where anybody that you've actually admired in your life and who brought the world forward in some way, did so because they went through hell on earth. Was it nice? No. Did they move the world because they'd gone through hell? Yes. So, let's stop characterizing people who have horrible and difficult lives as 'sad'. As an artist, you have to say – like Sophocles, like Shakespeare, like Marguerite Duras, and like Toni Morrison – 'No, these people who have endured horrible things are the future leaders of the planet.' The obstacles in their lives have made them sensitive and aware and alert to most of the things that most of us are blind to. Can we also begin to understand suffering people as visionaries, as people whose testimony is going to deepen our lives on this planet? Instead of saying 'something's wrong with you', let's use our gifts as artists to offer sequestered people the open and spacious platform, and the protection and respect and the attention that their suffering has earned.

It's too late in the world for binary thinking, it's too late to think oppositionally, because if that's your starting point, you've already lost. Some of your projects are truly transcendent because you've gone beyond thinking in oppositional terms. That kind of thinking is finished. You're not going to get anywhere that way. Today and tomorrow are about making new coalitions and finding new ways of sharing things with people you disagree with or who hate you or who are difficult. What do you share with those people? That is the first question and that is the way to move forward. That is the way to be inclusive and that is the way to engage – to reach across the battle lines. You can't just talk to your friends. Find a way in which you find something you love about someone you hate. You have to because the reality in this life is that the problem is the solution. There will be no solution until the problem becomes the solution.

In other words, the only people who can stop gang violence are gang members. They are the problem and they are the only solution. So, you can't treat the problem as the problem, you have to treat the problem as the solution. That becomes really powerful. And very theatrical. As an artist you have to operate in the fluid space of yin and yang. Whatever you want to do, just do the opposite. Whatever you planned, flip it and do the exact opposite. Get out of single channel thinking. Open it all up. The difference between propaganda and art is that with propaganda you are trying to convince somebody of something that you have already determined, and you are withholding the evidence that does not prove your point. With art, your colleagues and your community enter a deep open space which is radically open, challengingly open, and has no predetermined destination. You are creating the experience of multiple worlds that is genuinely exploratory, and which the results are unexpected and surprising. Instead of telling us what to think, you are creating the space for everyone to think and re-think.

15 Claudio Monteverdi, L'Orfeo (2007/08)
Jeremy Ovenden (Orfeo), Judith van Wanroij (Euridice)
decor | sets: Michael Simon
licht | lighting: Jean Kalman
foto | photo: Ruth Walz

Claudio Monteverdi, L'incoronazione di Poppea (2007/08)
Malena Ernman (Nerone), Danielle de Niese (Poppea)
decor | sets: Michael Simon
licht | lighting: Jean Kalman
foto | photo: Ruth Walz

14 Richard Wagner, Götterdämmerung (1998/99)
decor | sets: George Tsypin
licht | lighting: Wolfgang Göbbel
foto | photo: Monika Rittershaus

Richard Wagner, Die Walküre (1997/98)
sets: George Tsypin
lighting: Wolfgang Göbbel
photo: Ruth Walz

8 Arnold Schönberg, Gurre-Lieder (2014/15)
Burkhard Fritz (Waldemar)
Markus Marquardt (Bauer)
Sunnyi Melles (Sprecher)
Wolfgang Ablinger-Sperrhacke (Klaus Narr)
decor | sets: Christof Hetzer
licht | lighting: Jean Kalman
foto | photo: Ruth Walz

6 Olivier Messiaen, Saint François d'Assise (2007/08)
Rod Gilfry (Saint François)
decor | sets, licht | lighting: Jean Kalman
foto | photo: Ruth Walz

5 Arnold Schönberg, Die glückliche Hand (1994/95)
David Wilson-Johnson (Ein Mann)
Decor | sets: Jannis Kounellis
Licht | lighting: Jean Kalman
Foto | photo: Ruth Walz

38 Arnold Schönberg, Erwartung (1994/95)
Isoldé Elchlepp (Die Frau)
decor | sets: Jannis Kounellis
licht | lighting: Jean Kalman
foto | photo: Ruth Walz

Richard Wagner, Tristan und Isolde (2017/18)
...arda Merbeth (Isolde)
...or | sets: Christof Hetzer
... | lighting: Jean Kalman
... | photo: Ruth Walz

PIERRE AUDI

24 L'Orfeo (2007/08)

MYTHOLOGY
RITUAL AND OPERA

25 Il ritorno d'Ulisse in patria (2007/08)

26 L'incoronazione di Poppea (2007/08)

The origin of music theatre is Greek tragedy. Greek tragedies are about confronting the spectator with emotional narratives that express the fragility of humans and their powerlessness in their struggle with the gods. Most operas utilize this model to express our timeless questioning of the mystery of human existence. Through the power of music, most operas aim to immerse the spectator in an experience that allows us to feel the larger and deeper themes behind a story. The Greeks aimed for catharsis. Opera (when successfully performed) can reach that goal quite easily, inviting us to understand the spiritual power of ritualistic theatre. By doing so, we are catapulted back to our primeval origins. We are shaken, left to grapple with questions that make us wonder: what does this drama have to do with us, with the perils of being alive, with our modern life, with the future of our societies, with the state of our planet?

Monteverdi and Cavalli were the founding fathers of opera as we know it, and their central themes – myth and history – have been inspiring composers to this very day. Hundreds of years before Wagner composed his *Ring* cycle, bickering gods had already been set to music by the Venetian masters. Brünnhilde's grief for Siegfried was preceded by Orfeo's lament, and the cult of the anti-hero which Giuseppe Verdi specialized in, can be traced back to the deceitful Ulysses and the tyrannical Nero.

Myths are stories that map out the fault lines of humans and gods. Both worlds are treated separately and often mirrored. Giving a voice to the gods has allowed dramatists to add to the horizontal conflict between characters a vertical dimension that helped establish the tradition of opera as a spectacle, a theatre of images with multiple levels of storytelling. Text and music needed a visual form to amplify their expression and inevitably summoned the need for stylized movement to flesh out the spectacle. From day one, the ingredients of what we have come to expect from an operatic ritual were established.

It is the ritual dimension above all that links just about every work we can imagine. Every composer whose work for the stage I have ever heard, in one way or another was fascinated by ritual. Ritual offers structure. Ritual organizes our expectations. Ritual connects the spiritual and the political. Ritual can be resisted and indulged. Ritual can connect the simplest gesture of life and the most complex depictions of public events. All in all, ritual is the single most important tool composers have used to create their operatic myths.

There are countless examples of operas told as rituals: the demise of Don Giovanni, the death of Simon Boccanegra and Boris Godunov, the fall of Floria Tosca, the suicide of Wozzeck, the death of Marie in *Die Soldaten*, the fate of Nietzsche in Rihm's *Dionysos*, the death of Klinghoffer in John Adams' opera or that of Athanasius Kircher in *Theatre of the World* by Louis Andriessen, or of Saint François d'Assise in Messiaen's opera, the descent of Orfeo into the Underworld, the return of Ulysses, the coronation of Poppea – the list is endless. All these operas are composed and organized dramaturgically as musical rituals that unfold with a sense of combined ceremonial and histrionics. As an audience, we are ready to be immersed in those death rituals and enjoy them as uplifting experiences. In most cases, we are invited to celebrate the immense loneliness of mankind, as well as the role of God and the cruelty of fate. We ponder over dysfunctional societies that are often the consequence of intolerance and greed.

While the first operas were mainly based on mythological themes, composers later on have sought to convert the simplest fairy tale, biblical story or even newspaper anecdote into an operatic experience. I am waiting now for the opera about an opera fan that dreams of his ashes ending up in the pit of his favourite opera house – except that I don't think this incident would have much spiritual or emotional potential. Yet this anecdote shows us how crazy opera fans can get when carried away by ritual. We should be careful not to turn opera houses into places of religious worship. They are first and foremost theatres, which can better be devoted to renewal than conservative repetition. Opera as a holy art is a doomed art form. Nostalgia is a deadly enemy of progress. The challenge is this: can we see a place for ritual in our modern age? If so, then what should we look forward to in projecting the future of operatic myths a hundred years down the road?

When we look back at four hundred years of operatic history with the sensibility of our modern age, we must realize that it is only fifty years ago that the notion of operas as works in need of interpretation was introduced. This is when modern stage directors and dramaturgs began to develop new production styles, based on a thorough analysis of the multilayered meanings contained in a score.

For hundreds of years, audiences had enjoyed operas as vehicles for performers who often themselves became myths. Through their personality and unique artistry, those early stars invited the spectator to appreciate the mystery and poetry of the operatic dramas. Opera lovers waited for these rare moments, even while for the rest nothing much happened. The French call those performers '*monstres sacrés*', sacred monsters: singers who could encompass the catharsis the Greeks were looking for. So, it's not a coincidence that the greatest tragedienne of all time was Greek: Maria Callas. Callas' contribution to myth and opera was colossal, and her unique personality will haunt generations to come. No matter how experimental opera could become, there will always be space for the rare charisma that can bring an audience closer to a performer transcending the ritual and thus concentrating the essence of an entire work in their interpretation. But it's evident that the future of the art form will never be secured by the cult for 'sacred monsters'.

Performers are often capable of taking on the greatest challenges; the system, however, protects the stars and separates them from those that are open to work on shaping and deepening their performances. Often, what the singers themselves can contribute to interpretation of their role, is not open to discussion with directors. The voice is a mysterious instrument, controlled by each singer in their own way. Most singers are programmed to know how to stretch their potential to the utmost, but this is not always what a performance might require and also depends on how open, demanding and imaginative a conductor or a director is.

Very rarely in my life, have I come face to face with total spiritual, vocal/musical and theatrical nudity in a singer. To achieve this, you would have to unlearn habits, erase automatisms, and to explore with a singer ways how to master the music proactively rather than passively. It's a dream I have long since nurtured to prepare a Mozart opera from scratch in this way, for his music risks of becoming 'mechanical'. It can turn singers into robots and is hard to colour counterpointly.

Luckily, the 'star system' in the opera world is in crisis, and right now, only a handful of performers can command the kind of attention that eclipses every other aspect of a production. We are grateful that today, a younger generation of makers is eager to challenge the audience's senses and intellects. Our mythical references are no longer inspired by poetic gestures but by the easy answers we consume daily through social media. The age of the internet is great but equally nasty. Its influence often means we need to be cool, ironic, and crudely topical to come across and impress. Is this dangerous for opera? Time will tell. What is certain is that the sixty masterpieces that constitute opera's meagre repertoire, will one day start to slowly strangle us, and we can only hope that this will incite the opera world to learn faster from theatre and film, that is to look primarily ahead and treat the past with more boldness. I often wonder if I will be able to witness that moment in my lifetime. The resulting debate will still be raging for a long time and put many operatic traditions into question. At the end of the day, it is the composer that is central to this art form, and throughout those four hundred years, it had always been the emergence of great composers that has saved opera from dying a sure or slow death. Stimulating composers who are interested in new rituals is key to breaking new ground. Luckily, opera's love affair with myth will always attract those pioneers who understand the intimate connection between ritual narrative and music.

I feel privileged that all through my years in the Netherlands, I have been accompanied by such a pioneer and have presided over the production of his five operas to date. That pioneer is Louis Andriessen. Outside the Netherlands, his work is not appreciated enough, but I am convinced that his contribution to reinventing the operatic syntax will one day be recognized more widely. Thanks to him, abstraction was translated into a dramatic form, and in his works for the stage he has always displayed the courage to grapple with grandeur as well as with ideas. We need more composers who can aim for that higher plane of expression – the very territory where myths are created. Here, I would like to refer you to the beautiful lecture by Heiner Goebbels [see p. 148].

Louis Andriessen is not a composer who had much interest in talking about love in his operas. Yet this theme remains the most widely explored in music dramas throughout history. Thankfully, we will never be bored by the multiple ways composers have tackled this topic. The finest illustration of this fact can be found in the four major Monteverdi operas (the secret template of which will follow): in *L'Orfeo*, *Il combattimento di Tancredi e Clorinda*, *Il ritorno d'Ulisse in patria*, and *L'incoronazione di Poppea*, love is the flaw that destroys the characters of the drama, by arriving too late or being prevented from blossoming.

By working around this theme and never confronting the subject directly – Monteverdi introduced a form of narrative that has continued to nourish the dramas of Handel, Mozart, Gluck, Berlioz, Rossini, Wagner, Verdi and Debussy. Operas can at best elevate the impossibility of love into a notion that can be understood by an audience as a convincing spiritual quest. For example, music can describe the very difficult concept of the 'death wish'. This path to love has found a powerful communicator in opera. Whether we adhere to this concept is irrelevant. We can at least begin to dream about it, connect it to ourselves and accept it as a timeless tool to understand ourselves and the world. Once bitten, we can never look back. We stand a big chance of becoming addicted and fascinated by a mystery that can never be solved. Yes, love encapsulated in a myth can transcend archaic barriers. One day, contemporary composers will rediscover this magical formula and the results could be astonishing.

While some composers learned to use opera to communicate political messages (Rossini and Beethoven, for instance), their fascination with describing human failings became the dominant theme of this then still young art form for nearly a hundred years. Of course, dramatists like Shakespeare, Molière, Goethe and Schiller were ahead of all the composers in creating timeless dramas that probed the darkest corners of the human soul; but soon after, composers found a way to focus our attention on losers and make us witness their dilemmas and their downfalls.

Can we speak of the forging of new myths, or rather, of a progression in the musical language of composers? The early twentieth century saw composers beginning to deconstruct old structures and free the musical narrative from formal barriers in order to travel deeper into the personas of the characters they were portraying. With this change, we seem to have lost the sense of ritual that I had been referring to, until someone like Richard Strauss reconfigured the possibilities and made Greek tragedies important again. Alban Berg with his two masterpieces *Wozzeck* and *Lulu* and Schönberg with *Moses und Aron* fused both approaches and elevated the losers to the rank of perpetual angels.

Since then, we have witnessed sporadic attempts that confirm and expand the influence of the second Viennese school: of Britten, Shostakovich, Stravinsky, Henze, Rihm, and Reimann. They were and are all dedicated to the narrative but they all committed to framing their stories, leaving us in no doubt that their message is intended to use opera as an iconic vehicle to communicate timeless messages on a higher plane.

Since Wagner, no composer has gone further in this respect than Karlheinz Stockhausen and Luigi Nono. Their approach was to project a whole new vision about spirituality and politics through opera. Nono returned to the notion that merely by listening, we are already immersed in an intense drama. *Prometeo* (a work he labelled as *'tragedia dell'ascolto'*, or, the 'tragedy of listening') explores the power of a primeval soundscape on our perception as listeners. There are no characters. The soloists are embedded in the sound of the music. Their struggle is our struggle with the art of listening. One day, this genius concept will be taken up in new ways by composers as we prepare to see opera break away from the twentieth-century proscenium form and explore space and the ritual of performance in new ways.

In his monumental operatic cycle *Licht*, Stockhausen has begun to achieve this and more. He has annotated ritual gesture as music in a complex interaction with a rich sound world in which song, speech, instrumental virtuosity, choral singing, electronics and visual spectacle combine to create an opera of 29 hours, constructed as a mobile floating in the cosmos. The audience orbits, lands, moves closer, further away and then takes off again. By using multiple proximities, *Licht* tells a story that can be reconfigured to infinity – serious and playful at the same time. Here we have a composer who was continuously misunderstood (and often railed at) for the naivety of his vision but who survived through the sheer quality of his musical universe. Already, his legacy is catching up with our time, hungry as it is for new visions, curious for experiments and uncomfortable with the materialism that has become associated with many aspects of our decadent culture. Stockhausen was clear about the exclusive connection between music theatre and mythology. I very much hope that I may close my era here in Amsterdam with a homage to his oeuvre, that to me is an endorsement of my passionate belief that opera is the only way to pin our hopes on the sublime and turn away from banality and indifference.

This is why my own production style (whilst minimal) avoided the reductive in order to accentuate the expansive. I arrived at this approach because I believe it to be the most effective in compelling the spectator to listen to the music and appreciate its depth and power. Looking back on what I have done, I realize that I have resisted explicit interpretations and avoided what is most expected from a director today. Was that wise? Yes, because this approach releases an authenticity that is just as refreshing as an interpretation.

Music needs space to sound. In an opera performance it's not just the audience that is listening but all the singers on the stage as well. It is the music that surrounds them that gives their character a context. It can tell the singers how to move on the stage, it provides them with the material they need to build up an aura and guides them to understand their place in a music drama. This is the secret to my way of building up a production. In ritual drama, a performer is not just serving the music; the performer must be made to understand that he or she *are* the music. Mere interpretation interferes with this process and needs to destroy it to put a new narrative in its place. It's an approach I have left to others. It is valid, and it can excite us tremendously if it works. My way with myths is to make the rawest and purest ingredients available to our senses. The effect is to point the finger at us with a single message: imagine, feel, connect. That is the most powerful interpretative act a work of art can command.

I realize that it's this form of suspense I have been searching for through my approach to directing from the very beginning. Looking back and looking ahead, I have no regrets in sticking to my instincts of sharing my passion. Time does not need to tell us if it was compelling. A performance is compelling enough as it happens. It's what you make of it and what you remember that lives on and creates inside each one of us the myth re-imagined by the composer. This is how myths come to survive inside us. Opera is reborn inside the psyche of each individual spectator. Opera is mythology in us.

PIERRE AUDI

27 Das Rheingold (1997/98)

30 Götterdämmerung (1998/99)

28 Die Walküre (1997/98)

29 Siegfried (1997/98)

TRANSFORMATIONS

Transform, transformation: superficially, we understand this to mean a change with an implied sense of improvement, or to enrich and recreate something formless by objectively giving it form. On a more aesthetic level, we can apply this notion to a score or a text in order to renew and refresh an old concept by altering the way that it is received. We may also reveal an idea by translating it into a concrete experience. Think of it as a train hiding another train; moving forward simultaneously. Of course, in the case of non-narrative operas, we understand the term in relation to taking an idea, a source – a 'dream' – and then giving it shape, by activating a theoretical exercise into a vivid expressive action. Furthermore, it is a way of organizing material in a way that gives it a new meaning and helps it to communicate to a wider forum for the sake of relevance and a broader audience appeal.

Perhaps more eccentrically and on a more sub-mediated level, we may split the word in two – 'trans-form'. We are focusing on two notions which are particularly relevant to our discussions on music theatre.

Trans: with this notion, we evoke a journey and we conjure up an experience with ambitious intentions. We transform our expectations to make us witness something totally new. It involves us in a ritual that provokes our senses and our intellect. It detaches us from reality and places us in a world of fantasy; it rejects the 'before' and accepts the 'after' as a new frame of reference by simply making us care for something we might have been indifferent to and that now reveals its emotional relevance.

Forms are patterns by which we view our daily life, by which we filter our participation in human existence. Whether private or public, we create 'a theatre of the world' for ourselves from what surrounds us. We constantly navigate between truth and lies. We drug ourselves with the patterns of others. We are constantly busy with constantly transforming our existence into something better, richer and clearer while we struggle with forces that often pull us back and, in some cases, bring us into contact with an abyss of despair. We take refuge in losing ourselves in the questions that define the mystery of our existence. Dangerously and arguably, religion plays a role for many in shaping our hopes and our fears. More confronting is our attitude towards our own potential for true creativity. Resolved or unresolved, those issues unconsciously keep us busy.

Art is the craft where those experiences amalgamate and challenge our indifference. We are tempted and fearful. We want to stay voyeurs but sometimes are forced to take a position. Suddenly we are in a situation where our perceptions are open to transformation. Answers to latent questions seem to emerge, or the opposite happens: the mystery deepens and widens. We run away in this lost and fearful state.

Opera, as well as all other artistic experiences, should play a role in reassuring us by controlling our fears. It can make a statement which is larger than life. It can inspire us to hope, to act and to understand. It can transform our capacity to handle big emotions and complex epics. The potential is infinite, immense and endless. Horrified or deeply moved, we recognize a new reality inside an artificial form. We are stimulated to react.

Much like painters and sculptors, composers in the Renaissance felt they were dealing with the present whilst reinterpreting the myths of the past. A myth was an excuse to sublimate the world that surrounded the artists. Those reinterpretations may still interest us for aesthetic reasons, but it's only the works that transcend their intrinsic beauty and are imbued with a timeless transparency that moves us. Vermeer and Rembrandt transform our perception of representation. Their poetry of the form, their sureness of the craft and the reinvention of that form exert a sense of trance and engage us in a private communion with more than the art of painting.

The same can be said about music and theatre. Except that music and theatre are slaves to the quality of an execution and to the quality of a reinterpretation. They are cumbersome, laborious and complex art forms that blow away a lot of dust to exist at all and then die the moment they come into contact with an audience.

When one concentrates on such a fact, one wonders how modern life can still afford to give us the privilege to experience such intimate and unique events. Events which, by definition, cannot be performed to masses of people but depend on the curiosity of those who have understood the appeal and the importance of those live art forms.

Again, the masterpieces that survived the test of time are the work of pioneers – artists who have invented and reinvented, and who have transformed and translated the influence of fellow artists in order to reach new territories, inevitably risking to be misunderstood by their contemporaries. Nearly all great art was born in opposition with tradition, nearly always rebellious and almost always politically incorrect; only to find in the course of time – thanks to the necessity to interpret – the opportunity to be effective, relevant and, finally, understood.

If there is something I have learnt from leading the fortunes of the Dutch National Opera for thirty years, it is because I've witnessed the process of transforming the appreciation of a given society for a given art form. In the countries where opera was born four hundred years ago, this process went by no means ideal. In the Netherlands, by contrast, where people aren't particularly open to larger-than-life emotions, we certainly have benefitted from a relatively young opera tradition – fifty years of concentrated reaction to the art form that, internationally, was at the height of turbulence and maturity. For it is only in the twentieth century that opera has begun to live up to its full potential by questioning itself and, in the process, reassess its heritage and measure it to society, to political life, to the outbreak of modernity with its obsession with technological progress and moral relevance. Also, we shouldn't ignore that Mozart, Gluck, Verdi, Wagner were all 'political' composers; composers of reaction and debate.

Today, and more so than when I arrived here in 1988, we are concerned about the very existence of those immersive live art forms. Do we need them? Do we love them, care enough for them to appreciate visiting them?

The reason I am speaking here today is because I passionately believe we do. Yet I must admit that, throughout all those years of programming and directing, I have had healthy doubts every now and then. But these very doubts are also the reason I go on experimenting and exploring other routes to reach the one and only goal: a Holy Grail that is in fact a mirror held up to our soul, our conscience as human beings, our compassion as an audience, a community. I strongly believe that opera (and music in particular) have an advantage over the other art forms. In a matter of seconds, a powerful encounter with a few pages of a work can shatter one's senses so deeply with meaning and emotion that a transformed awareness can materialize with devastating effects. The fact that I myself have experienced this regularly is the second reason why I am not yet done working in this field. I probably never will be.

The overall reason can be summed up in one word: transformation. What I had experienced whilst sitting through *Tristan und Isolde* as a boy was too powerful; but at that time, this life-changing emotion had nothing to do with understanding human existence. When I subsequently found out that every composer, from Monteverdi to Berg and beyond, has been on the same quest, this has urged me to share and want to teach others to share.

This is all the more urgent because we so often are told to be lazy, to be stingy with our time and our money, to cut corners, take short cuts and denigrate poetry and complexity. The art of the stage should take up a privileged place in our lives. It is the answer to facile trends. It helps us to understand ourselves better and to appreciate the fact that we belong to a long tradition that repeats itself endlessly. That is why it must always be there and as long as it can master the art of renewing itself, it will never lose its dominance over all other forms of artistic expression.

Today, through this series of masterclasses, we look at how young singers, directors and dramaturgs do each have their role in fulfilling this heavy responsibility – the salvation and permanent transformation of opera as a live art form. Yes, we all share the same passion and understanding, and this makes the transformation ahead, in one sense, easier, in another, more difficult. Every performer or interpreter is an agent of transformation and change. They each assume the responsibility of making us truly care for a sound, a character, a story. The phrasing of their role is critical to communication and to achieving a sense of catharsis. That fiery, emotional excitement alone is able to engage us and shake our indifference.

There are many factors which make the professional humility of those involved in this business as much a consequence as a necessity. This humility is as crucial as faith is to a monk, and is a very important, unspoken requirement for the resilience of opera – a guarantor of its excellence, and thereby the cornerstone of its future. How can a director transform an inert score into a piece of music theatre that no one can ignore? How can a conductor exude a sense that the music in question must be performed as if created on the spot by a voice that must be heard at all costs? How can a performer – transported by such a deep love for the music and character he or she interprets – impose the absolute concentration and participation of the spectator? How can the collective responsibility of an entire ensemble come to galvanize a whole audience?

The advent of concepts which define the character of a production has brought another aspect of transformation in opera into sharp focus. A *regisseur* is the one who, with his or her team, is invited to work through a piece and retell it with an approach that challenges and hopefully illuminates the original.

In my first lecture, I explained that my own approach could be best defined by the idea of leaving things out: a process of reduction and nudity which lays bare the skeleton of a piece, rather than dressing it in the emperor's new clothes. I have found the transformation process most profound when coming to the baroque repertoire.

Here, the 'da capo' system (another kind of musicalised repetition) demands that the director overwrites the story and chooses to tell a tale that manipulates the material to bring it to life in a new form, an approach I used in Handel's *Tamerlano* and *Partenope* and Vivaldi's *Orlando furioso*. This principle effectively dissolves the soloistic character of the opera (sometimes twenty solo arias and a handful of duets, trios or ensembles) by involving the full cast in acting and interacting throughout many sections of the opera where, on the page, they are not required to appear. The advantage of a single space (seen from both inside and out) is to allow the bodies inside (one space) to tell the story. The drama then does indeed benefit from a relative austerity, allowing the catharsis to make a deep emotional impact.

By dispensing with the old magic of baroque visual transformations to get to the essence of the drama and taking full advantage of singer-actors, I found them returning in my vocabulary in a totally unexpected place: operas of the late twentieth century. In my productions of Guus Janssen's and Friso Haverkamp's bizarre operas *Noach* and *Hier°*, in Rihm's *Dionysos*, in Henze's last opera *Gisela!* and Pascal Dusapin's *Penthesilea*, the physical (almost acrobatic) acting style required from the singers, could only successfully exist thanks to a rich imaginational approach. The cutting-edge of the musical worlds invented by the composers cried for subliminal and multiple images to highlight the impact of the often surrealistic and subliminal narratives.

Finally, looking back at the theme of transformation, the third and last path I have used at frequent and significant intervals is the one which consists in rethinking the performing space and the relationship between performers (singers and orchestra) and the audience. Effectively, by laying bare the ingredients of the performance, we abolish the '*golfo mistico*' (the orchestra pit) and create a new theatre inside the theatre which also destroys the notion of a 'set' and offers the possibility of playing with perspectives as rich as the vocabulary of film: the 'close up', 'wide shot' or 'panoramic shot'. Above all, this approach increases the potential of making theatre form an immersive experience in which the audience can appreciate many more musical nuances that enrich our understanding of the theatrical layers in the work.

All three approaches transform the original work through making choices of what 'not-to-do' in order to go under the surface and explore uncharted meanings and new truths. All three suggest that interpretation is not always manifested through one way of making music theatre. In the twenty first century context, we need bespoke solutions to move away from the generic to the specific.

Every director defines the territory he or she wishes to occupy. The liberty to interpret is the expression of the openness of the material and the personal nature of much of the operatic literature. But sometimes a transformation is so forcefully effectuated that it imposes a new truth on a piece. Invariably, this approach is an assault on an art form that never claimed to be about one truth.

Music as theatre is the drama of the unconscious being given form. So, in that respect, overwriting a piece is legitimate. Anything goes in dreams and nightmares. Time is certainly not linear. Worlds deconstruct and can be just about anything. Theoretically, a director's fantasy can be licensed to rethinking an opera from the music or the text in ways the original composer never imagined. Such readings can make abundant sense to a modern audience.

It is this rich development in the progress of music theatre that makes it imperative for the programming of an opera house to stay dynamic, rich, pluralistic and cutting-edge without destroying the core values involved. Those values are primarily defined and measured by the highest musical quality.

As I said before, the conductor is the key to shaping an approach, and in a successful collaboration, he will help the director to further develop his ideas so as to illuminate the specific mood and narration proposed by a production. It is when both their efforts interact that the music theatre fires are lit. Those fires are the ones we hope will transform an audience's basic expectations into an event, a miracle, a life affirming statement.

Heiner Goebbels has told us in his lecture [see p. 148] that his truth lies in redefining non-narrative material. His narrative is one of images where the mystery reigns supreme. Our perceptions as an audience are forced to work hard. We ourselves become the *regisseur* that connects seemingly formless structures. Goebbels' success lies in his total conviction that opera as a conventional art form has nothing to offer us anymore. On one level, he is right. On another level, the brilliant work of many narrative directors has proved him wrong. The combination of both approaches is where my passion for the actuality of opera resides. I want to see the cards being continuously reshuffled because, somehow, the excitement of the last decades suggests we are waiting for breakthroughs. I want to believe the age of transformation has only just begun.

PIERRE AUDI

31 Pelléas et Mélisande (2013)

33 Dionysos (2010/11)

DISTURBING HOMECOMING

32 Gurre-Lieder (2014/15)

There are three themes that have shaped my work to date. First, music as encrypted text; second, the empty space, or how a void can fill a drama with new meaning; and finally, the contribution an artist – be it a gifted director or designer – can make to music theatre.

But let's begin with the composers. Considering the process of imagining an opera, we see that the overwhelming majority of music dramas is conceived as a series of relatively static events. So, in order for an opera to happen, taking a setting, a large dose of atmospheric performativity and a limited degree of stage charisma from performers can be enough, especially if the quality of the music making is high. Yet this methodology finally ran its course at the time I was born and meanwhile, it has not ceased deconstructing and reconstructing itself.

I learnt the repertoire by watching this form of operatic stagecraft, which has by now died, never to return. What I retained from the theatrical side of what I saw, showed me my own craft without me realizing it. In short, I would describe that craft as one largely deriving its character from the rich games operas play with the notion of time. Theatre is the art of the moment. Music is the time-stopper. Music theatre springs from the paradoxical combination of these two notions; it aims for catharsis and weaves its magic by telling and retelling the mostly dark fairy tales of the human soul. An opera composer conceives a work in his or her head as a theatrical tapestry which translates a drama into a sound world, intended to challenge our senses and our intellect.

For the last forty years, we have been struggling with questioning how to give new form to those sound worlds and why. By now, we have created such a plethora of options and possibilities that the whole idea of anything definitive has been superseded and time-bound interpretations are being embraced. Sometimes I ask myself: updating a piece should logically mean updating the music, shouldn't it? We seem happy to live with that contradiction. We hope that updating the music can come from a new way of conducting it. I wonder if this is enough.

I would describe opera today as a wild ship sailing aimlessly on the high seas, looking for stability and a destination. I predict that, without our joints efforts to steer this ship into another direction, opera will never overcome the crisis it finds itself in today: trapped uncomfortably between its reliance on subsidy, its struggle to prove its relevance and its appeal to modern audiences.

The development of modern music theatre achieved its breakthrough thanks to Walter Felsenstein (the Austrian born, East German director) and, to a certain extent, the ground-breaking productions of Wieland Wagner. Felsenstein introduced a new discipline by stressing expressivity and, for instance, specifying in great detail the movements of an opera chorus across the stage, thus opening a realm of new possibilities. Wagner structured the hieratic nature of music theatre and bound the poetic power of abstraction with the art of stillness that emanates from the energy of a performer – an art long-perfected by the Japanese in traditional Noh theatre.

While the revolution of Felsenstein continues on virtually every operatic stage today, the renewals of Wieland Wagner failed to find a consistent follow-up. It's the timeless forms that find it hard to survive alongside those that flirt with reinterpreting and these seem to have a stronger appeal right now, at least in Western Europe. Yes, opera is happy to fall into the pattern of fashionable trends. But no approach should ever be excluded, provided it is realized with conviction. Every few years, we wait for a new Messiah to emerge. I suppose I am happy to say I wish to fit into neither category. I want to risk a hybrid form, a polystylistic approach that reflects the confusion and hunger of our age. This implies a methodology which is just as willing to move forward as to go backward.

Moving the cursor on the screen away from the predictable by searching for ways to discover as yet unexplored possibilities (inspired perhaps more by the proposals of Wieland Wagner and his disciples), has played a big role in shaping my first productions. Perhaps if I had seen one of his Wagner productions live I might have decided to take another course. But this was a path that unfolded itself organically before me as a result of the autodidactic course I chose to embark on some thirty years ago. What I know, I've taught myself.

In my first lecture, I talked about directing as the art of what you leave out. This approach is very different from the one chosen by 'concept' *regisseurs*, whose main concern is to 'translate' their interpretation of a piece on the stage. This can mean overwriting a piece, changing it into a new object, or worse, using the composition as a sound track.

To me, the art of leaving out basically means surrounding the storytelling with a mysterious void which then is getting filled by the music in such a way that the audience is able to experience two forms of drama on stage: one of which is created by the sound, and the other by the words. Connecting the two at strategically positioned moments, or forcefully separating them – maybe even alienating them – to create new meanings and a very special type of theatrical tension, has been a very strong recurring theme in my productions.

The challenge in staging *Gurre-Lieder* [**fig. 8, 32**] was to find a way to show that many apparently loose elements of Schönberg's construction are in fact inextricably linked and together conspire to tell a single story with a mythic dimension akin to the one that inspired the very first opera: *L'Orfeo*. A story in which love and death, private and public, light and darkness, personal loss and the madness of war, are the cornerstones of an extraordinarily free and inventive cathedral structure dreamt up by the composer.

By rediscovering this piece, we were also making it into an opera which questions many parameters of the operatic form. In order to preserve opera as a vehicle of expression on the highest philosophical level, we need to blur the contours of form and content and rethink (as Wagner did with his *Ring* cycle) the expectations of the audience. This is what Schönberg seems to be telling us, as many after him have done (Karlheinz Stockhausen being one of them). They all seem to agree that deconstruction is the best way to progress and enrich the way we receive the message of a piece.

I wouldn't have been able to devise the solutions proposed in my production of *Gurre-Lieder* without my earlier experiences with many other works I directed. The key to one particular scene for sure would never have been found, were it not for the (purely incidental) fact that, four years earlier, I had been staging a new work by Wolfgang Rihm. Nietzsche's nightmare in Rihm's *Dionysos* is quite similar to Waldemar's in *Gurre-Lieder*.

In both works, the characters at one point listen to a faraway chorus singing a dark, Bach-inspired chorale, in which the tragedy of the sacrifice of war is sublimated in the hope of redemption. The resulting prayer and the emotions accompanying it feed a sense of hope that prepares them to face their inevitable encounter with death less fearfully.

Here, the space for music is not at all abstract: it translates words that have become encrypted into sound, bridging what can't be described with words. The song that follows is spoken over music, an example of Schönberg's innovative form of 'Sprechgesang': spoken text set rhythmically to music.

Another example of music as encrypted text is Siegfried's funeral march in Wagner's *Ring* cycle. The march (that is usually intended to transfer the body of the dead Siegfried from the stage) in my production was used to describe the grief of his widow Brünnhilde and set the scene for her return to claim his ring, which was still on his finger – a symbol of empty power, but a token of holy love as well. By showing this emotional journey, the events of the scenes that follow take on an even richer but also more desolate power.

My production suggests Brünnhilde can have a leading role here, because earlier, at the end of *Die Walküre*, we witnessed her own father, Wotan, lying alongside her after having put her to sleep. The pain is too deep. Sleep heals and prepares a new awakening, a higher level of consciousness. This is what I tried to show and what seems to be told in the music. Operas are mostly projections of visions fashioned in the deepest of sleep in the heart of the night. A good production should feel like a disturbing homecoming. It must tempt us to dream better and further, helping us to understand the parts of us we have no control over.

In the case of *Die Walküre* and many others of my productions, the empty space and the need to reach out for primeval energies to express the complexity of the story induced a soberness, even a severity, so complete that the music began to dematerialize. Bodies in a space can extend their expression outside the moments performers are required to sing. Often, when performers are invited to learn the music of their colleagues on stage or a symphonic interlude, this provides them with the key to unlock their character. That way, they can reach a trance-like state during the performance, in which they seem to be speaking as believable human beings when their turn to sing has come. It keeps them so busy that they forget they are singing, and often stressing about their vocal health is sublimated by their responsibilities to the drama.

In no production was this methodology more manifest than in Handel's *Tamerlano* – a production created in 2000 in the baroque theatre in Drottningholm, Sweden. Behind the artificiality of the historical characters is a cruel story of self-destruction fuelled by a battle of desperate egos. This is the most timeless tragedy imaginable. I felt that Handel's austere opera needed to be more atrociously austere in order to hit us with its complex message.

I think the eye needs to experience this tragedy at some point in the emptiest of spaces. A void needs to be created which frames the last stages of the end game of a *huis clos* involving six characters in a state of constant torture. To achieve this, you have to avoid the temptation to explain context and close the space for most of the opera, to suggest a labyrinth of the soul. Then, at a cathartic turning point, the walls of this labyrinth vanish abruptly, and the characters change size. They become smaller, more lonely, they shrink before our eyes, and like fish out of the water they die a slow death on the naked planks. For me, this is one way to celebrate the power of our art form. The message lies in the silences between the words. Silence is represented by the void which only naked utilitarian architecture can suggest.

Another, ostensibly diametrically opposed approach has marked my work for many years. In fact, even though it seems contradictory to what I have just been describing, it ends up being another way to bring back the drama to – another form of – the empty stage. What I'm referring to are the numerous productions for which I invited visual artists to create the stage design.

This process is invariably liberating as well as frustrating. On the one hand, it is restrictive, and on the other it is stimulating for the imagination. What it often achieves most successfully is involving materials and colours in the music drama which can help lift it out of the banal and move it to a higher plane.

In the theatre, a visual artist needs to be treated as a second composer, providing a score which the director strives to bring to life whilst primarily serving the narrative needs of the opera in question. This is not an exercise every director would be willing to engage in, but it has helped me discover opportunities which have been of great value to other productions.

Earlier, I discussed music as encrypted text. A visual artist is also someone who encrypts a text, but with him or her the result is a visual statement. When Anish Kapoor – who created a set for a production of *Pelléas et Mélisande* **[fig. 9, 31]** I directed at La Monnaie in Brussels – offered me a red shape in the form of the inside of an ear, and paradoxically, the shape of an eye or the inside of a womb, initially, I had no idea how to use it. Nor did he.

I stared at it for days, until I suggested to him to consider it from two sides: inside and out. At once, it defined the two aspects of the opera by splitting it in half: narrative scenes which had a concrete and almost realistic quality (a vertical movement going through the castle, from the tower to its underground tunnels), and specific points of action, such as that of Pelléas and Mélisande playing with Golaud's ring at a fountain.

I found a convincing way to make this powerful sculpture support the dramatic as well as the surrealistic character of the opera. I suggested it to Kapoor, who adapted his design to create a useable set while retaining its metaphysical power as an abstract symbol. All the way through the process, I felt free to invent a musical journey and add new layers to the story with this object. The object became a new character on stage, magnifying the nightmare, making the sublime appropriately harder to reach. It helped explain the purpose of the piece: to pity the human race (as the old Arkel explains) and to accept and forgive. It measured the pain of human existence, the mystery of the womb as a cradle for new life, the blindness and deafness of mankind and, finally, the curse of genealogy.

Without Anish Kapoor's first proposal, I wouldn't have found the key to this great work. I have known and admired it all my life, but I came to understand it better through the lens of an artist. What I am plainly saying is that an artist's vision can force one to unlock new metaphors. In this case, it helped me link the story to that of Bluebeard. Amazingly enough, it was a connection no one had made before. We meet Golaud, the collector of wives (and pathologically jealous), with Pelléas, his melancholic brother. Both are fighting the curse of the dysfunctional family they belong to – a family with a hidden past, entrapped in a vicious circle, which is revealed and at the same time concealed.

Sometimes, the authority of an artist's vision can appear to kill an opera. When Karel Appel had designed *The Magic Flute* for me, it was described as 'intrusive'. Rejected by the press, it took several years and several versions to mould the production perfectly to Mozart's masterpiece. In order for it to be fully appreciated, it had to end its journey in Salzburg, Mozart's birthplace. Here, our approach – linking this dark fairy tale about enlightenment and love to the art of the circus – was welcomed as a valid and compelling one. What it failed to offer me, however, was a new key to the characters, but it was a valuable experience which I was happy to further explore.

That opportunity came ten years later, when I worked twice with the German post-expressionist artist Jonathan Meese. His art is busy, rough, polemic, provocative, and imbued with grotesque gestures. Meese designed my production of *Dionysos* **[fig. 33]**, Wolfgang Rihm's opera about Nietzsche, and the French baroque opera *Médée* **[fig. 10]** by Marc-Antoine Charpentier.

The designs for *Médée* were quite challenging and in the end helped release the strange and wonderful hybrid style of this work, by applying black humour from beginning to end to one of the darkest of Greek tragedies. The premise of this approach is summed up in one sentence painted on the front curtain: '*L'Amour c'est moi*' ('Love is me'). Médée's revenge on her husband Jason suggests a concept of love and ego that turns this revenger's tragedy into a mythic tale, pitching art against life and materialism against the ties of parenthood. Meese's baroque approach never explicitly referred to the Baroque period in which the opera was composed but created a twenty-first-century equivalent. As someone who had stripped down the baroque language to its purest meaning, I was happy to for once overwrite this opera-ballet with a totally new visual dramaturgy. The result was a perfect match.

At the start of this lecture, I talked about *Gurre-Lieder*, a work suggesting a drama that lay hidden in the depths of Schönberg's autobiographical psyche of a composer; a work moreover, that wasn't intended for the stage and is yet so intensely theatrical. I want to end with another example from a work not intended to be performed as a re-enacted drama and that I staged in 2000.

In 1983, the French-Canadian composer Claude Vivier was tragically murdered in Paris by a man he picked up on the street. He was stabbed 37 times. On his desk lay an unfinished work for synthesizer, soprano and ensemble: *Glaubst du an die Unsterblichkeit der Seele*, Do you believe in the Immortality of the Soul. The text was shockingly pre-emptive: a description of what actually happened. Never had I come closer to the point where art and life cross paths with this degree of connection. The effect was chilling. The message: another reflection on the misery of our existence. If you'd ask me: is there hope?, my answer would be: so long as we can assert that music theatre can exhibit this kind of relevance, we have a duty to embrace it as much as re-creators as we do as audience.

The hope lies in reconfirming that relevance. That is the inspiration behind my own personal motivation, my passion for sharing a few moments of exploration, and a few personal discoveries.

MULTIPLE PATHS
OF MUSIC THEATRE

34 Gassir (1992/93)

PIERRE AUDI

35 Die glückliche Hand (1994/95)

The most primitive form of music theatre is a concert. An instrumental concert without words is in itself a theatre of sound, emanating from the magical virtuosity of one or several performers. When enhanced by the input of a conductor with a performance that intends to drive and illuminate the music, this experience can change a life.

In my youth, experiencing concerts by Sir Adrian Boult, Sir John Barbirolli, the young Claudio Abbado and the Zen master and ultra-perfectionist Sergiu Celibidache changed my life, making me appreciate the theatrical power of pure music-making. I became interested in the notion that any form of musical performance does indeed start from nothing and ends in nothing, and that 'nothing' stands for the mystery of human existence. It's a notion that is just as valid for classical music as it is for popular music. Any piece of music mirrors the journey we effectuate from birth to death. It is that mystery we are prepared to relive over and over again, until we die.

The power of a concert is that it challenges our imagination; by receiving a stream of sounds, we process almost instantly what they evoke, allowing them to awaken our psyche, excite it, irritate it and invite us to be moved to tears or elated with joy. When we go to a concert, we expect such a process to take place within us. Why? We are not sure, but perhaps we want to keep on repeating this experience because we never seem to really know why we need it so much.

My experience with music started that way. The concert as 'theatre of the world', the secret gate to new worlds connecting my fantasies to messages from the unknown. That unknown was very tangible. I lived in the Beirut of the 1960s and 1970s and could imagine the Western world only through pictures and sounds – in effect, films and concerts I was fortunate enough to attend.

The first event I experienced in Europe involving music and theatre on a stage (which already was a small step ahead from a mere concert) was a totally static production of Wagner's *Tristan und Isolde* in July 1969. For an adolescent, it was a very long concert, with the lights switched off, with the orchestra in a pit and large figures hardly moving in the darkness, representing characters in a story and singing for long stretches of time.

The experience was mesmerizing, confusing and weird. But there was one aspect of this experience that I understood very well. It was a taste of ecstasy and endurance in one. What a relief it was for this polite but hungry adolescent to be leaving the theatre and immediately be confronted with the live images of the first man walking on the moon. Both experiences seemed deeply unreal, their juxtaposition surreal. Yet they were both real and very powerful, so powerful that it seemed impossible for me to stop right there. Somehow, I knew that very night that my destiny lay somewhere where those two roads met.

Two other experiences helped to shape my deep respect for the sober ritual of musical performance. In 1969, a composer called Karlheinz Stockhausen staged seven concerts in a spectacular grotto inside Mount Lebanon; concerts involving electronics and instruments. So, the concept of music in communion with nature, with the ambition of connecting us to the sounds of the cosmos, was introduced to me even before I had heard a single note of Richard Wagner.

The second experience had a lot in common with the first but involved a sound world that defined the entire part of the culture I was born into: the sound of Arabic music. It involved a recital by the legendary Egyptian singer Oum Kalthoum in the ruins of the Roman temple of Jupiter in Baalbek, a site called 'one of the seven wonders' of our planet.

Completely still, and with the starry night as a canopy, the diva sang for 75 minutes just the one song, sometimes improvising for 15 minutes on the sound of a single word ('night'), while the audience was listening, utterly concentrated and experiencing something akin to cosmic ecstasy.

Those formative experiences helped shape my personal journey towards music theatre. At the age of sixteen, I wrote a letter to the theatre director Peter Brook, a man whose own theatrical journey fitted my hunger for ritual drama, uniting the public and the private, the political and the spiritual, the epic and the intimate. I wanted to learn.

He granted me one hour and listened to me carefully. For an adolescent of sixteen, it was a sobering experience to be talking to a man like him, I can tell you. Probably because he was touched by the ardour of my story, he then granted me a second hour. This time, he did the talking. He told me one thing: no matter how varied my interests would become, I always needed to make sure those interests would be focused on one single goal. What that goal might be, wasn't revealed. He had nothing more to teach me, he said.

Much later I came to understand what he meant. Thanks to that meeting I stand here with a conviction born from a journey and perhaps by now I'm ripe enough to start handing it over to others: we are shaped by what we don't know.

Watching directors at work like Giorgio Strehler, Klaus Michael Grüber, Yuri Lyubimov and Patrice Chéreau, or composers like John Cage and Pierre Boulez, I realized that an artist creating for the stage is crucially defined by what he or she chooses *not* to do. There are two tools that can be used to tell more than one story at the same time: the one concerns the 'how', the other concerns the 'why'.

These are what I later came to define as the interplay between a horizontal and a vertical dramaturgical line, strategically crossing each other to define a specific work of art, be it a painting, a sculpture, a piece of music, an opera, a film, a building, a choreography.

In the process, I also came to realize that renewal in the arts is almost always determined by the fulfilment of one passion in an artist: the quest for illuminating the inner structure of something. The effect being that the listeners, the spectators, are thrown gently (or forcibly) back upon themselves. How free, bold, daring, and consistent is the significance of a specific body of work by an artist? It is these criteria that came to dominate my path, at least, as a programmer. Sharing with myself and with you the multiple paths that others have traveled, is a vital element of a learning process that seems to show no signs of waning inside me.

I am hugely indebted to the Holland Festival for making it possible over the last ten years to explore those paths still further than I had done so far, through the introduction of remarkable artists to this country, in particular those artists whose work has been instrumental in moving goal posts in many fields and more specifically, in the field of music theatre. When programmed in a festival context, such contributions can be assessed and appreciated in their relationship to other art forms: the visual arts, dance, spoken theatre, film and architecture – all of which enjoy a more stable growth and a steadier innovative curve than music theatre.

I have wanted to concentrate on bringing to Amsterdam work by artists with sometimes opposing methods: conductors who reinvent the musical material, stage directors like Peter Konwitschny, Christoph Schlingensief, Àlex Ollé, Olivier Py, Martin Kušej, Patrice Chéreau, Sasha Waltz and Simon McBurney, and composers searching for a new language, like Michel van der Aa, Beat Furrer, Guus Janssen, Martijn Padding, Wolfgang Rihm, Ben Frost, Calliope Tsoupaki, Alexander Raskatov, Kaija Sariaho, Rob Zuidam, Heiner Goebbels, Osvaldo Golijov and Micha Hamel.

This work has been seen and heard next to a consistent review of the latest output of masters, some of whom are no longer amongst us but whose work continues to influence and fascinate us: Mauricio Kagel, Luciano Berio, Karlheinz Stockhausen, György Kurtág, Edgard Varèse, Luigi Nono, Pierre Boulez, John Cage, John Adams, John Taverner, Olivier Messiaen, Harrison Birtwistle, Claude Vivier, Arnold Schönberg and Louis Andriessen.

Those who have attended one or more of these productions, will surely recall having been struck by the total absence of naturalism as well as 'futurism', the abundance of spiritual subjects, the assertion of art as ritualization of myth. Religion and Greek drama – the primeval sources of music theatre – are now more relevant than ever. Everyone is after 'the big idea', whether this means looking back at history or invoking gods that exist even for most of us who generally don't believe in them.

It is remarkable that in 2014, within the space of three months, I found myself directing two world premieres that were both based on the same Greek source: Sophocles' obscure play *Oedipus at Colonus*. One was by the British composer Julian Anderson and the other by the Greek/Dutch composer Caliope Tsoupaki. Anderson's composition (part of his adaptation of Sophocles' complete Theban trilogy) is an opera lasting 30 minutes, sung in English, for five characters, a large orchestra and an amplified off-stage chorus. Tsoupaki's version lasts 90 minutes, is written for three singers singing in Ancient Greek accompanied by a baroque orchestra. Both versions required two completely different forms of presentation but were united by the same intellectual hunger to share this strange subject matter with a modern audience.

Throughout this fellowship, my attention will mainly be focused on music theatre in the field known as classical music, but even this terminology fails to reflect what it encompasses. For me, it defines a world we can recognize as primarily dominated by the status of the composer, the creator of a musical world, who wants to tell us something through his music. That 'something' will take a life of its own once it is reinterpreted, adapted to modern times and the world of today.

Expanding on such a wide-ranging subject could lead me to a very academic analysis. I want to resist that, because I am a practitioner and a programmer primarily concerned with the present and the future. I want to stick to my personal experience and to the open questions which only a personal journey can generate.

Recently, I have discovered something quite confusing about myself. Trying to understand more fully what sums up my preoccupation as a director, I realized that, in the end, to me it's all about one single thing: listening. Now, the funny thing is that in Latin the verb 'to listen' is *audire*, of which the imperative singular is *audi*: listen, so my surname is almost like a command. Listening is a vast subject in itself. Listening is the motor of every form of human communication. We listen, we react, we make a sound, we expect it to be heard and we react again. Most of our responses, whether physical or intellectual, are responses to sounds, to silence, to noise, to speech. The quality of how well we listen determines how successful we are in appreciating the millions of messages that sounds can express.

The most mysterious and, at the same time, the most intriguing is the sound of music; a sound that came into my life not so much as a beginning and an end in itself, but as a compulsive generator of images. Had it been an end in itself, I would certainly have become a musician of some sort. In the theatre, my fascination with listening found the medium by which the multiple meanings of sound could be translated into tangible emotions and relevant intellectual debate.

What I knew instinctively early on was that this aspiration could never provide answers. It was going to be a road mapped by questions, questions as banal as 'Why bother?' or as complex as 'For Birth or Death?' – the title of the only film I ever made (which I will return to later).

To listen to one another is the key to performing music and to performing plays. You would think this isn't possible between singers in an opera performance, but it is. Indeed, it is essential. The quality of ensemble work is measured by the ability of performers to live the immediacy of a drama by recreating it authentically on stage. This means they each have to react to someone else's text and, in an opera, to someone else's music. It is on this very principle that I have built every production I have directed so far. This is not always practical, because singers only tend to know their own role and often are not fully aware of what their colleagues are singing, let alone of all the specifics of the instrumental music written around the words. When one succeeds in binding the drama together in such an elaborate way, two things are achieved: it helps to tell the story well, by opening up the multiple sub-texts and intertwining the musical layers laid out by the composer. It also allows the audience to listen to a work and reach out for its deeper messages.

Realizing I had not the application to master a musical instrument, I was nevertheless beguiled by what I found music can express when it speaks to us as drama, tragedy, comedy or spiritual ritual. I could easily discover what the functions of music can be and work with it as a tool in my own way. But for what purpose?

- Music can portray the passing of time.
- Music can map out complex psychological road maps, portraying mental states that are constantly changing.
- Music can comment.
- Music is a mood manipulator. It's a source of energy, inviting stillness or turmoil.
- Music is dangerous: it can reach for our psyche, wake it up, disable our consciousness and confront us with our demons.
- Music is a generator of dreams, a revealer of truths.
- Music can connect man's language to that of nature. A single sound can achieve this.
- Music is a storyteller. It extends and refers to the human heartbeat, which empowers it to re-master every form of human emotion.
- Music can evoke formality and informality. It can claim to portray abstract ideas as much as the unexplainable and the unknown.
- Music is an assertion of actuality, a means of acknowledging the present, and a way of evoking the past.
- Music is the voice of pain, joy and hope.
- Music is an affirmation of cultural identity – with all the positive and negative political consequences we can imagine.
- Music is the closest friend and the greatest enemy of words.
- Music functions as a transmitter of languages.
- Music is a conjurer and a canceller of images.

These terms define the function, power and significance of music, terms which also fully apply on every level to the marriage between music and theatre, a marriage that is four hundred years old and is still going stronger than ever. In this description, we can also detect the infinite transformations which this huge scope suggests. Transformations which have created subcategories of art forms, conflicting schools of thought, and many levels of artistic expression. In turn, those categories multiply as abundantly as there are cultures. From village to city, from country to continent. From the most specific and personal forms of expression to the most popular and universal.

The composer Luigi Nono called *Prometeo* (1984–85) a 'tragedy of listening'. In the Greek sense, a tragedy is a ritual aiming at a private catharsis. With this oratorio masterpiece Nono had found his Holy Grail in the artistic sense. I shall never forget how after a performance of the work in the Palais de Chaillot in Paris, I sat for hours on boxes of sound equipment and listened to Nono enwrapped in a long melancholic monologue, questioning, doubting, reflecting, agonizing, worrying. Nothing was certain. Everything was open. Perhaps it was useless. Perhaps he was totally wrong. His words held together only by a deep conviction and an obsession with the musical excellence of the performance. How? Why? The 'why' was open.

But the 'how' was obsessively clear to Luigi Nono: only total perfection would make a work of this acoustic ambition clear. And all those who have ever been involved with a performance of *Prometeo*, have always aimed for no less than utter perfection. This moment with Nono has stayed with me. It taught me a great lesson: when embarking on any form of live performance, excellence must always be our foremost priority. We only get one chance and the responsibility is huge. Through excellence, we stand a chance of building true communication and making the listener truly listen.

Composer and conductor Pierre Boulez is the man who saved twentieth-century music by establishing a standard of perfectionism which up to the 1950's was reserved for the mainstream Romantic repertoire. The very same Pierre Boulez once pleaded for the destruction of all opera houses. What he really meant to stress with this assertion was the necessity to rethink the nineteenth-century criteria and to update the art form, for the benefit of the flexibility required by the progress of the world around us and the infinite new possibilities available to composers today.

Boulez realized that the future of music theatre was not to be experienced in halls suited to the operas of the eighteenth and nineteenth centuries, but in spaces that can transform themselves so as to create musical and theatrical illusions in ways that reinvent the relationship between listener and performer. No wonder he was fascinated by Wagner's revolutionary theatre in Bayreuth.

It was with the Dutch premiere of his musical oratorio *Répons* that I opened the 1990–1991 season at DNO. On paper it was a non-operatic event and as such it was a clear statement, a 'signpost' that was followed over the years and resulted in countless experiments, commissions and presentations of work from across the repertoire and beyond, sometimes breaking the rules and challenging our expectations and our curiosity. Yes, opera is not just an event involving singers and a pit orchestra.

Classical scores can become urgent and contemporary not just by modernizing characters on a stage through costuming. The process starts with listening to old scores with modern ears. That is also what Boulez taught us. Initially, Schönberg's *Moses und Aron* appears as a work with many problems. I watched Boulez recompose the unfinished score whilst conducting it, making it work as a score and thus staying faithful to its spirit. After all, Schönberg – like Berlioz with *Les Troyens* or Vivier with his dream of an *opera fleuve* – never lived to hear or see his work on stage. Two decades later, that experience encouraged me to explore the theatrical potential of another work by Schönberg that's famous in the concert hall: *Gurre-Lieder*. Here, we are talking about a work with unexplored theatrical potential. Archaeology? Reinvention? Perhaps something in between. That production was presented in September 2014 at DNO, conducted by Marc Albrecht.

Yes, conductors can help us hear better, appreciate the inner structures of a score and make the sound feel even futuristic. Geniuses like Mozart and Handel wrote twentieth-century music *avant la lettre*, as the equally remarkable René Jacobs showed us in *Orlando*. This is where true relevance acquires its urgency and invites us to be moved and engaged. This is the beginning of the answer to the question, 'Why bother?'

Having established that musical excellence comes first, I am convinced that believing in the future of music theatre is a mindset. It starts with musical courage and must then expand to involve the directors, the singers, the *intendanten* (orchestra managers) and the audience. We should be aiming for a visit to the opera to become as popular as going to the cinema. As crazy as it may seem, this is the long-term goal we should be pitching for, in my view.

No one has done more to change the course of our art form than the late Gerard Mortier. He was a pioneer on many fronts, but above all, he prioritized the need for conductor and director to work closely together on a production, weaving a reading of a work that moves intelligently between unity and counterpoint. Overnight, this vision turned opera into a modern, rich and challenging theatrical event. His legacy is so powerful that it is hard to imagine opera ever reverting to what it was some forty years ago. I want to pay a very special homage to him for what he taught me, for the trust he placed in me throughout the many collaborations I am fortunate to have had with him and, for the example he has set largely in deeds, which will be an inspiration to future generations of creators.

Having said that, Mortier often pointed out that the biggest handicap we are fighting in opera is the small repertoire we are obliged to serve over and over again. All in all, there are no more than sixty titles. Unless opera can surmount the syndrome of the classics, in my view, it will die a slow death. A renewal in risk-taking must occur, shifting the focus from the past to the future, while still stimulating the audience's curiosity. The toughest challenges that need to be faced in order to prevent this phenomenon from petering out, remains the cost of opera, the size of opera houses, the temptation to surrender to the cultivating of stars, the habits of audiences who resist embracing new music and pitching all these factors against the paramount notion that the totality is more important that any of the individual parts.

We makers and programmers have a catalogue of alarming reasons why we should bother.

When, in 1988, I was appointed Artistic Director of Dutch National Opera, I was forced to leave the comfort zone of an experimental space. I came to realize that small-scale renewal was as necessary as large-scale. Amsterdam has been a leader in removing the conventional priorities from its programming policy. Every production is a top priority, because every project is aiming at the same goal, approached through a set of new parameters. Is this a realistic vision, applicable to opera globally? Maybe not. But in this part of the world we are still fortunate enough to be playing for an audience more open to experiment than tradition. Here, music theatre stands a greater chance to prosper, and make a real difference. We must do everything in our power not to lose this precious opportunity.

My approach to the first production in Amsterdam, was to start from the empty space and to stage strictly what was necessary and to refrain from framing the action with a specific architectural design. This approach heightened one's listening and made it possible to make every character on stage responsible for the totality of the drama through what you could describe as an elaborate psychological choreography. This decision made the vast stage very intimate for me, a new source of energy and a new comfort zone, in which big stories could be told. Greek drama through Monteverdi was soon followed by Wagner's music dramas.

For me, this is how listening became music theatre – through searching for essence and theatrical momentum. That seemed the only way to synchronize the heart and the mind accurately while sharing a narrative with the audience. Fortunately, this method remains more relevant today than ever.

Yes, today's composers still believe that gods and men can meet on an operatic stage and move the audience.

Yes, psychology, ritual and the supernatural speak to us in one language through multiple voices. In my production of Handel's *Orlando*, I moved away from the empty space in order to serve a specific story: the timeless tale of the tragic consequences of an obsessive love. For the first time, I experimented with a bold mix of eclectic sources of inspiration: the eighteenth-century Enlightenment, the ancient Zoroastrian fire (and its opposite), the art of Edvard Munch, nineteenth-century Gothic horror imagery and the ability to play with time that the art of film offers us.

In *Orlando* we found the key to showing this opera in a modern light as a believable and modern story by making the concept of illusion – or magic – into a storytelling tool, leaving it open to the audience to interpret its message in any way they wanted. On paper, I could not imagine this working – but it did.

In this *Orlando*, I dared to defy the rules of juxtaposition. The truth of the matter is that music and just about any kind of image can be married. Stage one for most directors is to accept that the most satisfactory methods of marrying music and images is the one that submits entirely to the priorities of the music and not to those of the drama. Stage two begins when the richness of theatrical fire can fuse or challenge the musicality of a production. It is precisely in this equation that the experiment behind a production like *Orlando* turned into something convincing.

Of course, the multiple paths of music theatre each have their own limitations, and my risk-taking is cutting edge for some and more conservative for others. Many colleagues have offered us fresh tools with which to refresh our expectations. In 2011, for example, the theatre director Romeo Castellucci staged the first act of *Parsifal* in Brussels with invisible singers. Did it work? Not really. Was it a good idea? It was. And why? Because in this case, the director's starting point was believing that the mystery of the story would come across stronger by inviting the audience to listen to images that were not the originators of any sound. The idea is beautiful, but in practice it defeated itself. It did so in my view, because removing the character of opera as a live performance is robbing it of its *raison d'être*. In this case, Castellucci could have equally made his point by rendering the music on tape. This made his reading seem to me very nihilistic. I want to feel the experiment channelling itself through the live artistry of those performers who carry the trust and the responsibility to perform the work live for an audience.

Is the cutting edge in music theatre and opera simply assured through deconstruction? At one stage, deconstruction is inevitable in the reinvention of any art form, but it is a phase and one we need to encourage if we want to explore new ways to move forward. Whether we need it to make a big leap forward is doubtful.

But then another successful experiment comes along, and we are challenged once again. *Waiting for our convictions to be shattered, is the essence of our search.* Let's make sure we can continue to always operate in a world where everything is possible – with one restriction: we must continue to nurture live performances. When that goes, we can close theatres and performing spaces. The digital age with all its temptations will be waging its war on us. But we are stronger, I am convinced of that.

Christoph Schlingensief came to opera like a flashing comet on a clear summer night sky. It was to him I wanted to entrust the staging of the *Gurre-Lieder*. His method was to create ecstasy through multi-layered visual rituals with references to world cultures. He wanted to create opera as utopia, as the mirror of our world in a huge melting pot of cultural streams of energy, consisting of the language of dreams, transcending spiritual boundaries but flowing directly out of them.

Like Castellucci's, his vision was a valid one, but this approach could only be an interlude. While I feel such interludes are refreshing and beneficial for opera, I long to see a new optimistic phase emerge, one that offers hope and attracts opera talents who currently feel that film and television offers them a wider, larger and more interested audience. Why should they bother placing their talent at the service of an art form that might be on the brink of extinction? I don't blame them, but I wish we could entice them into saving the planet and the opera in one.

For a while, I felt that cinema and music could fuse together and create a new way of expanding the tools and scope of music dramas – whether old or new. I still think so. In 2000, I embarked on a film adaptation of two canticles by Benjamin Britten, entitled *For Birth or Death*. This fascinating experiment not only showed that singers could convincingly come across as film actors, but it opened a realm of possibilities for translating the inner language of a piece into new ways of telling the story. Unfortunately, the funding structure of film handicapped a follow-up to this project. If opera in the cinema and on television could be specifically created for this medium instead of merely being registrations of live performances, we might witness very progressive results which could throw new light on older works.

This experience as well as various collaborations with visual artists contributed to my search for new ways of working with musical material. What saved me from pursuing trends as a guiding star has been my commitment to modern music and its composers. I discovered that for some reason, I was born with an affinity for understanding the paths of new music theatrically. Starting with the sounds of the future, how to harvest them, present them and interpret them was key in helping me approach the music theatre of past centuries.

Here, once again, we return to the concept of 'listening', which in my view is of paramount importance. Knowing when to sublimate music into acting, and when to project it to the outside with images connecting live performers – singers, actors, dancers. It is this search for the proper balance which led me to systematically avoid using enclosed sets on a stage and to strive for utter minimalism, or to use the statement of a visual artist whose contribution by definition is total abstraction.

The scale of large stages but also the atmospheric impact that live music has on any space requires that a director staging music theatre holds mastery over the topography of a drama. In theatre, there is no close-up. Music, however, allows for a vast pallet of nuances, approaching every inflection in a drama from many angles. Film directors master their narrative with a camera that dictates and manipulates what we should feel at any given moment. An opera director can only hope to achieve such an input through reduction, and reduction is a way to magnify expression. This is why opera has so much to learn from other art forms and also why its greatest salvation lies in reaching out beyond the confines of the classical playhouses to other platforms.

In the dilemmas we are facing about training future generations of singers, directors and composers, we are sadly enough still fixated on the nineteenth century. In the Netherlands, we can and should think more broadly. We need to do so, because the music of our time deserves to be understood through mastering its technical, intellectual and artistic challenges as much as that of the past. The composers that have stood the test of time are those who stretched the interpreters to the limit. Indeed, Monteverdi, Berlioz and Wagner wrote music dramas for artists that were not yet born. Today, we are still struggling to make young people interested in music theatre understand, let alone master, the breadth and depth of the repertoire. Luckily, we are witnessing a slow but effective growth of awareness, but it can never be sufficient if we want new audiences to take an interest and listen. Why bother listening?

In its most compelling state, a *Gesamtkunstwerk* is an overwhelming experience which attempts to involve us in large topics and big emotions. Wagner spoke for all composers when he wrote: '*Kinder, schafft Neues!*' (Children, forge anew!) It is tempting to take the view that we live in an age where naivety is dead, thereby justifying ourselves to approach older works with irony, sometimes going as far as overwriting them totally. Next to education, striking a balance between theatrical and musical dramaturgy is the greatest challenge facing opera today.

We look for inspiration from directors specializing in theatre, choreographers, visual artists, and film-makers. We are bored with opera producers. We think opera will be saved by live cinema broadcasts. We are not sure where to focus anymore, largely because we forget that all our dilemmas simply need to submit to Peter Brook's single goal. It's a goal we can never reach because it moves further and further away the closer we think we have got to it.

REINBERT DE LEEUW

36 Rêves d'un Marco Polo (2003/04)

DREAMING WITH PIERRE

The announcement in 1988 that a young man named Pierre Audi would be taking over the artistic direction of Dutch National Opera caused great surprise, for hardly anyone in the Dutch musical world had heard of him. I, however, had! Pierre had previously invited me and the AskolSchönberg ensemble to appear at his international festival of modern music in the Almeida Theatre in London. There was clearly something fermenting in London at that time, and Audi rapidly transformed this small theatre into an international breeding ground for the avant-garde. No-one at that time could have thought that he would also make a name for himself in the 'big' world of opera, although Pierre had developed firmly-held ideas about opera in his time at the Almeida, without anyone in the Netherlands having any knowledge of this.

In retrospect, it was an unbelievably good decision to appoint his young man to such an influential position, not least because he had Truze Lodder at his side: an administrative director who kept a sharp eye on the company's finances but who gave him a free hand in artistic matters.

At the beginning, there were many who doubted whether this would work; when Audi decided that he himself would direct Monteverdi's *Il ritorno d'Ulisse in patria*, there were questions as to whether this was a sensible decision – and in the end it was indeed! After this first production, Pierre's stagings of Monteverdi's other operas followed in quick succession, becoming a cycle of operas that gained international fame as a result of the originality of his direction; Monteverdi himself was assured of renewed attention on international stages also. The same occurred with almost every opera and every composer to which Pierre turned his attention. Many of his artistic decisions were in the first instance guided by his strongly developed theatrical instinct; blessed as he is with faultless musical intuition, he was also able to spotlight the music's expressive power in many cases. This was particularly true for his production of *Rêves d'un Marco Polo* in the Gashouder of the Westergasfabriek in Amsterdam. Much earlier, he had mounted *Kopernikus*, the only true opera by Claude Vivier, in the Almeida Theatre; now he wanted to extend this into an *opéra fleuve*, one totally in accordance with the spirit and style of the composer, by staging other works by Vivier alongside *Kopernikus*. By doing this, he was able to interweave two worlds in one evening into a coherent and exciting whole. There was no tradition of staged performances of Vivier's other works, but everything fell into place. It was a stroke of genius to have the musicians form an integral part of the production, for it was only in this way that Audi was able to achieve the theatrical effect for *Rêves* of which he dreamed. The performance developed out of the form that Pierre had conceived for it: he had a vision in his head, one that could not be opposed. We hardly ever discussed it, but in hindsight, one has to admit that this was the only way in which this project could have been realized.

This was often the case in the Netherlands. Precisely because the Netherlands had almost no operatic tradition, a substantial section of the audience was open to new ideas and visions about what opera can be. This is exactly how Pierre set to work. Often, a piece would only come into being by the form he himself had given it. This is quite similar to John

Cage's 4'33", in that the performers decide what is to happen, no matter how strictly the composer has set down the foundation and the framework of the piece. Every person who is involved with the performance is part of its creation, in the same way that Pierre did, not only in his own productions but also in his work as artistic director of Dutch National Opera.

He has made an invaluable contribution to musical life in the Netherlands. From the very beginning he has paid great attention to contemporary Dutch composers; his direction has been extremely proactive for the development of music in this country and for opera in particular. As a result, we have witnessed the first performances of operas by Louis Andriessen, Rob Zuidam, Michel van der Aa, Robin de Raaff, Guus Janssen and Martijn Padding, to name but a few. Many of these composers have not stopped at one opera. Pierre also always attempted to bring the right people together for a particular production; Whenever musicians were asked to participate, many of them would immediately reply that they could think of nothing better.

Now, thirty years later, the man who was thirty years old when he arrived, is about to leave the company. Pierre Audi has created something unique; these three decades of history have already become a rich source of inspiration in themselves. No matter how uncomfortable the coming period may initially be, it is probably also a good thing that after thirty years the torch is being passed to other people who have been inspired by Pierre's intuition, daring and powers of conviction. Those who follow him can still learn much from him and will ensure that the operatic form is assured of a new future.

Just as we could not imagine what Pierre's arrival at Dutch National Opera in 1988 would signify, we now stand once more at the threshold of a new adventure.

AFTERWORD

'A profound approach to opera uncovers a gold mine of possibilities; opera is fuelled with the energy of the future. And while the search for gold will always go on, the other 'mines' – concealed in the operatic production process – must be tracked down and defused. Risk-taking is integral to the operatic process; without risks, an exciting policy is unthinkable.' It was with these thrilling and significant metaphors that, in 1988, Pierre Audi laid out his initial plans as artistic director of Dutch National Opera. It is now thirty years later, and the time has come to consider the gold mine that Pierre Audi discovered for us. Hence this publication, which contains the essence of Audi's ideas concerning music theatre, opera, and art in general. In it we can trace the changes and the development of his artistic vision over the last decades; through it we can see that opera is fuelled with the energy of the future.

Pierre Audi had long cherished a desire to share the experience and skills that he has developed as stage director and artistic director of Dutch National Opera with a younger generation of theatre creators and to pass on the discoveries that he himself made during his own search for theatrical gold. One of the most important questions concerning this unending quest that must be asked is this: how can art become a place for true and real aesthetic experiences, for adventures that make us not only think, feel, and observe, but that also broaden and deepen our experience.

This wish was fulfilled when in 2013, Pierre Audi was named an Honorary Fellow of the University of Amsterdam on the occasion of his twenty-fifth jubilee as director of Dutch National Opera. Now, as he bids farewell to the company some five years later, the time has come for the lectures that, in the context of this Fellowship, were given between 2013 and 2018, to be published in book form. In four of these lectures, Pierre Audi discusses the developments in opera and music theatre in which he played such a leading role. Also, he looks back on the development that he personally has undergone since that defining moment at the age of fourteen when he attended his first *Tristan und Isolde* and realized that he had found his vocation. Two other lectures were given by composer and director Heiner Goebbels and theatre director Peter Sellars, whom Audi invited personally as guest speakers as part of his Fellowship. Reinbert de Leeuw, one of the very few in the Netherlands who knew Audi before his appointment to Dutch National Opera, gives an impression of the memorable collaboration that rapidly developed between them at that time.

Pierre Audi has made numerous adventurous choices both as artistic director and as stage director. One of these was that he sought collaborations with visual artists from the very beginning. To illustrate this, the center of this book consists of a specially designed artwork.

(How) Opera works allows us to see not only how alive, relevant and urgent opera and music theatre are, but also how challenging it will be to continue the pursuit of Audi's quest and dreams.

We take pride in the fact that this book is the result of a collaboration between the Institute for Theatrical Studies of the University of Amsterdam and Dutch National Opera.

In conclusion, we would like to express our heartfelt thanks to the authors and to all who have lent their assistance behind the scenes to make this publication possible.

Els van der Plas
General Director, Dutch National Opera & Ballet

Prof dr Kati Röttger
Head of Theatrical Studies, University of Amsterdam

AESTHETICS OF ABSENCE 154
HEINER GOEBBELS

PROBLEM = SOLUTION 164
PETER SELLARS

MYTHOLOGY 182
RITUAL AND OPERA
PIERRE AUDI

TRANSFORMATIONS 190
PIERRE AUDI

DISTURBING 198
HOMECOMING
PIERRE AUDI

MULTIPLE PATHS 206
OF MUSIC THEATRE
PIERRE AUDI

DREAMING 220
WITH PIERRE
REINBERT DE LEEUW

AFTERWORD 224
ELS VAN DER PLAS
AND KATI RÖTTGER

BIOGRAPHIES 234
PRODUCTIONS 242
CREDITS 266

37 Mariavespers (2016/17)

40 Tristan und Isolde (2017/18)

38 Erwartung (1994/95)

39 Parsifal (2011/12)

MULTIPLE PATHS
OF MUSIC THEATRE

MYTHOLOGY
RITUAL AND OPERA

DISTURBING
HOMECOMING

TRANSFORMATIONS

(HOW) OPERA WORKS

PIERRE AUDI

BIOGRAFIEËN
BIOGRAPHIES

Pierre Audi werd geboren in Beiroet (1957), waar hij het Franse Lycée bezocht. Op deze school richtte hij een filmclub op, waarvoor hij onder anderen regisseurs Pier Paolo Pasolini en Jacques Tati uitnodigde. In 1975, toen in Libanon de burgeroorlog uitbrak, verhuisde zijn familie naar Parijs; Audi ging door naar Oxford, om aan het Exeter College middeleeuwse geschiedenis te studeren. Terwijl hij van jongs af aan filmregisseur wilde worden, ontdekte hij in Oxford zijn liefde voor theater, muziek en opera. In zijn laatste studiejaar regisseerde hij een productie van Shakespeares *Timon van Athene*; bijna twee decennia later regisseerde hij in Nederland een aantal toneelstukken, met als eerste deze zelfde *Timon*. Samen met vrienden uit Oxford, Chris Naylor en Will Bowen, vond Audi in Almeida Street in de Londense wijk Islington een vervallen theater, dat stamde uit 1834 en eerder een literair-wetenschappelijk instituut had gehuisvest, een concertzaal, een Leger-des-Heils-citadel en een speelgoedfabriek. Het ondernemende drietal was twee jaar bezig het voor een grondige renovatie benodigde geld bij elkaar te krijgen, en in 1979 kon het Almeida Theatre zijn deuren openen. Onder Audi's bezielende leiding werd het al snel een van Londens meest baanbrekende broedplaatsen voor avantgarde-toneel, terwijl er ook internationale producties op touw werden gezet, die dikwijls multidisciplinaire kruisbestuivingen behelsden. In 1981 richtte Audi bovendien het Almeida-festival voor hedendaagse muziek op, dat hij tot zijn vertrek naar Amsterdam bleef leiden. In deze periode werden vrijwel alle grote nog levende componisten vanuit alle continenten naar Londen gehaald, en het festival bracht ook een reeks memorabele kameropera's.

In 1988 werd Audi benoemd tot artistiek directeur van De Nederlandse Opera in Amsterdam, die in onrustig vaarwater verkeerde. In vruchtbare samenwerking met zakelijk directeur Truze Lodder ging Audi aan de slag om een sterk nieuw artistiek profiel voor het gezelschap te ontwikkelen, dat in 1986 een nieuw onderkomen had gekregen in Het Muziektheater – een zeer modern operagebouw, dat na vijftig jaar eindelijk realiteit was geworden. De onconventionele keuzes die Audi maakte voor het seizoen 1990–1991, door Monteverdi's *Il ritorno d'Ulisse in patria* en de double-bill van Arnold Schönbergs *Die glückliche Hand* en Morton Feldmans *Neither* niet alleen te programmeren maar tevens de regie ervan op zich te nemen, weerspiegelen zijn blijvende ambitie om oud en nieuw werk te combineren. Voor de Schönberg/Feldman-productie nodigde hij de Grieks-Italiaanse kunstenaar Jannis Kounellis uit om het decor te ontwerpen, de eerste van een lange reeks samenwerkingen met internationaal befaamde beeldende kunstenaars. Deze producties oogstten zoveel succes dat hij in de daaropvolgende seizoenen complete cycli van Monteverdi en Schönberg kon brengen, terwijl hij in 1997–1999 bovendien het summum van alle cycli regisseerde: Wagners *Ring*, tot dan toe niet eerder als compleet vierluik door een Nederlands operagezelschap op de planken gebracht.

In 2004 werd Audi naast zijn leiderschap van DNO benoemd tot artistiek directeur van het Holland Festival, en mede dankzij hem kon het festival in de tien jaar daarna transformeren tot een van de levendigste en meest avontuurlijke in zijn soort, vooral op het vlak van muziektheater, diversiteit en synergie tussen de kunsten. Ook tijdens zijn directeurschap van het Holland Festival bleef hij geregeld opera's regisseren. Vaak koos hij hiervoor de 'mise-en-espace'-vorm, die hij ontwikkelde als een op zichzelf staand genre: een minimalistische ensceneering die, juist door haar abstractie, het publiek de kans geeft zijn eigen associaties te volgen.

In december 2013 werd Audi door de Universiteit van Amsterdam benoemd tot Honorary Fellow Muziektheater, zowel ter gelegenheid van zijn 25-jarig jubileum als artistiek directeur van de Nationale Opera als vanwege zijn pionierswerk, in én buiten Nederland, als programmeur en regisseur van muziektheater.

In juni 2015 aanvaardde Audi de positie van artistiek directeur van de Park Avenue Armory in New York, een instelling die zich toelegt op het programmeren van onconventionele multimediaproducties, die een niet-traditionele ruimte nodig hebben om optimaal tot hun recht te komen. Sinds de opening in 2007 heeft de Armory naam gemaakt als een van de belangrijkste nieuwe culturele instellingen van New York.

In 2018 verruilt Pierre Audi zijn directeurschap van De Nationale Opera voor dat van het Festival International d'Art Lyrique in Aix-en-Provence, dat dit jaar zijn 70-jarig jubileum viert. Audi is de opvolger van Bernard Foccroule, die dit unieke operafestival twaalf jaar heeft geleid.

Tot de vele onderscheidingen van Pierre Audi behoren de Leslie Boosey Award voor zijn bijdrage aan het Britse muziekleven, de Gouden Medaille van het Zweedse Drottningholm-theater, de Prijs van de Nederlandse Kritiek, de Prins Bernhard Cultuurfonds Theaterprijs en de Amsterdam Cultural Business Award. In 2000 werd hij benoemd tot Ridder in de Orde van de Nederlandse Leeuw, en een paar jaar later tot Chevalier de la Légion d'Honneur. In 2009 was hij de eerste ontvanger van de Johannes Vermeerprijs, een nieuwe staatsprijs voor de kunsten in Nederland. In 2014 kreeg hij voor zijn werk bij het Holland Festival de Zilveren Medaille van de stad Amsterdam. Sinds 2015 is Audi lid van de Akademie van Kunsten (onderdeel van de Koninklijke Nederlandse Akademie van Wetenschappen), die tot doel heeft om de relatie tussen wetenschap en kunst te versterken. In 2016 ontving De Nationale Opera de prestigieuze International Opera Award en mocht zich een jaar lang het beste operagezelschap ter wereld noemen. In april 2018, na de première van Schönbergs *Gurre-Lieder*, kreeg Pierre Audi van koning Willem-Alexander de Eremedaille voor Kunst en Wetenschap in de Huisorde van Oranje uitgereikt, vanwege zijn grote verdiensten voor de podiumkunsten in Nederland en zijn oeuvre als regisseur.

Pierre Audi was born in Beirut (1957), where he attended the French Lycée. At this school, he started a cinema club, inviting amongst others film directors Pier Paolo Pasolini and Jacques Tati. When in Lebanon the civil war broke out, his family moved to Paris; he went on to Exeter College at Oxford to study medieval history. Although his early ambition was to become a film director, he discovered his love for theatre, music and opera at Oxford, where in his last year he directed a production of Shakespeare's *Timon of Athens* (nearly two decades later, he came to direct a series of theatre plays in the Netherlands, the first of which was this very same Shakespeare). Together with his Oxford friends Chris Naylor and Will Bowen, Audi found a disused theatre on Almeida Street in London's Islington, which had served as a Literary and Scientific institute (built 1834), a music hall, a Salvation Army Citadel and a Toy factory. The enterprising threesome spent two years raising the required funds, and in 1979, after a thorough renovation, the Almeida Theatre could open its doors to the public. Under Audi's artistic leadership, the Almeida soon became one of London's most prominent venues for fringe theatre productions but also for international presentations, spanning different art forms. He also made his mark by creating the Almeida Festival of contemporary music, which began in 1981 and which he directed until 1989. During these ten years, most of the greatest living composers from all continents were featured, and the festival also presented a series of memorable chamber operas.

In 1988, Audi was appointed artistic director of Dutch National Opera in Amsterdam, where he was plunged into a troubled context. In fruitful collaboration with Truze Lodder, the general manager of the company, Audi set off to build a strong new artistic profile for the institution, recently rehoused in Het Muziektheater – a state-of-the-art opera house that had taken fifty years to become reality. The unconventional choices he made for the 1990–1991 season, by not only programming but also directing Monteverdi's *Il ritorno d'Ulisse in patria*, and the double-bill of Arnold Schönberg's *Die glückliche Hand* and Morton Feldman's *Neither*, reflect his enduring ambition to combine old and new works. For the Schönberg/Feldman production he invited the Greek-Italian artist Jannis Kounellis to design the set, thus initiating his continuing collaboration with visual artists of international renown. These productions met with such success that in subsequent seasons he was able to present complete cycles of Monteverdi and Schönberg, while in 1997–1999, he would stage the mother of all cycles, Wagner's *Ring*, the first ever produced by a Dutch opera company.

In 2004, continuing his directorship of Dutch National Opera, he was appointed artistic director of the Holland Festival, and in the next ten years, he contributed to transforming the festival into one of the liveliest and most adventurous of its kind, especially in the fields of music theatre, diversity and synergy between the arts. During his tenure at the Holland Festival, he also directed a variety of operas, often in a 'mise-en-espace' form, which he developed as a genre in its own right: a minimalistic staging that, in its abstraction, allows the audience to freely develop its own associations.

In December 2013, Audi was appointed Honorary Fellow Music Theatre by the University of Amsterdam, on the occasion of his 25th anniversary as artistic director of Dutch National Opera and to honour his pioneering role, both inside and outside the Netherlands, as programmer and director of music theatre.

In June 2015, Audi accepted the position of artistic director of Park Avenue Armory in New York, an institution dedicated to programming unconventional works in the visual and performing arts, works that require a non-traditional space for their full realization. Since its opening in 2007, the Armory has gained a reputation as one of New York's most significant new cultural institutions.

By accepting to become in 2018 the new director of the Festival International d'Art Lyrique in Aix-en-Provence, Audi ends thirty years at the helm of Dutch National Opera. This year, the Aix Festival celebrated its 70th anniversary. Audi succeeds Bernard Foccroule, who led this unique opera festival for twelve years.

Pierre Audi's numerous awards include the Leslie Boosey Award for his contribution to British musical life, The Gold Medal of the Drottningholm Theatre Sweden, the Prize of Holland's Theatre Critics, the Prins Bernhard Cultuurfonds Theatre Prize and the Amsterdam Cultural Business Award. In 2000, he was knighted in the Order of the Dutch Lion, and a few years later, he was made Chevalier de la Légion d'Honneur. In 2009, he became the first recipient of the Johannes Vermeer Award, a new State prize for the arts in the Netherlands. In 2014, his work for the Holland Festival earned him the Silver Medal of the City of Amsterdam. Since 2015, Audi is a member of the Society of Arts (of the Royal Netherlands Academy of Arts and Sciences), that aims to restore the relationship between science and art. In 2016, Dutch National Opera was honoured with the International Opera Award for Company of the Year. Last April, after the premiere of Schönberg's *Gurre-Lieder*, King Willem-Alexander bestowed the Medal of Honour of Art and Science of the Order of the House of Orange on Pierre Audi, in recognition of his services to the performing arts in the Netherlands and his oeuvre as a director.

De Duitse componist en regisseur Heiner Goebbels (1952) behoort tot de belangrijkste vertegenwoordigers van de hedendaagse muziek- en theaterwereld. Zijn uitgebreide muziektheater-oeuvre omvat onder andere *Schwarz auf Weiss, Eislermaterial, Landschaft mit entfernten Verwandten, Eraritjaritjaka museé des phrases, Stifters Dinge* en *Songs of Wars I Have Seen*. Hij was professor aan het Instituut voor Toegepaste Theaterwetenschappen van de Justus-Liebig-Universität Gießen (1999–2018) en president van de Hessische Theaterakademie (2006–2018). Van 2012 tot 2014 was hij artistiek directeur van de Ruhrtriennale, een internationaal kunstenfestival. Sinds april 2018 bekleedt Heiner Goebbels als eerste het Georg-Büchnerprofessoraat aan de Justus-Liebig-Universität in Gießen. Hij ontving talrijke onderscheidingen, waaronder de internationale Ibsen Award (2012), de prijs van de Duitse Critici (2003) en de Prix Italia (in 1986, 1992 en 1996). Zijn anthologie *Ästhetik der Abwesenheit* werd in 2012 gepubliceerd.

De Amerikaanse opera- en theaterregisseur en festivalprogrammeur Peter Sellars (1957) is bekend om zijn baanbrekende interpretaties van klassieke werken; ook maakt hij zich sterk voor twintigste-eeuwse en moderne muziek en organiseert geregeld grootse participatieprojecten. Hij is een veelgevraagd regisseur, onder andere bij De Nationale Opera, de Salzburger Festspiele, het Glyndebourne Festival en de San Francisco Opera. Hij heeft veelvuldig samengewerkt met componist John Adams en regisseerde diens *Nixon in China*, the *Death of Klinghoffer* (beide met librettist Alice Goodman), *Doctor Atomic*, en meest recent *Girls of the Golden West*. Hij leidde belangrijke kunstfestivals in Los Angeles, Adelaide, Venetië en Wenen. Peter Sellars is professor World Arts and Cultures aan de University of California, Los Angeles, en ontving onder meer het MacArthur Fellowship, de Erasmus Prijs, de Gish Prize en de Polar Music Prize. Hij is lid van de American Academy of Arts and Sciences. Bij De Nationale Opera regisseerde hij onder meer Debussy's *Pelléas et Mélisande*, Stravinsky's *Bijbelse stukken*, *Oedipus Rex & Psalmensymfonie* en *The Rake's Progress*, en Saariaho's *Only the Sound Remains*.

Dirigent, pianist en componist Reinbert de Leeuw (Amsterdam 1938) studeerde piano en muziektheorie aan het Conservatorium in Amsterdam. Vervolgens studeerde hij compositie bij Kees van Baaren aan het Koninklijk Conservatorium in Den Haag. Sinds de oprichting in 1974 is hij vaste dirigent van het AskoǀSchönberg. Hij was betrokken bij de programmering van de serie Tijdgenoten van het Concertgebouw Amsterdam en medeoprichter van de Summer Academy van het Nationaal Jeugd Orkest. In 1994 werd De Leeuw door de Universiteit van Utrecht een eredoctoraat toegekend. Tevens is hij hoogleraar aan de Universiteit van Leiden. In 2008 werd hij benoemd tot Ridder in de Orde van de Nederlandse Leeuw. Bij De Nationale Opera had hij onder andere de muzikale leiding over Stravinsky's *The Rake's Progress*, Andriessens *Rosa, a Horse Drama*, *Writing to Vermeer*, *La Commedia* en *Theatre of the World*, en Claude Viviers *Rêves d'un Marco Polo*.

German composer and director Heiner Goebbels (1952) belongs to the most important exponents of the contemporary music and theatre scene. His extensive music theatre work includes *Black on White, Eisler Material, Landscape with Distant Relatives, Eraritjaritjaka, Stifters Dinge, Songs of Wars I have seen* and many others. He was Professor at the Institute for Applied Theatre Studies of the Justus Liebig University Gießen (1999–2018) and President of the Theatre Academy Hessen (2006–2018). From 2012 to 2014, he was Artistic Director of the International Festival of the Arts, Ruhrtriennale. In 2018, Heiner Goebbels was appointed the first Georg Büchner Professor at Justus Liebig University in Gießen. He has received numerous awards, including the Prix Italia (in 1986, 1992 and 1996), the European Theatre Price and the International Ibsen Award. His anthology *Ästhetik der Abwesenheit* (Aesthetics of Absence) was published in 2012.

The American opera, theatre, and festival director Peter Sellars (1957) is renowned for his groundbreaking interpretations of classical works, advocacy of 20th century and contemporary music, and wide-ranging collaborative projects. He has staged operas at the Dutch National Opera, the Salzburg Festival and the San Francisco Opera, among others. He has collaborated with composer John Adams on many operas, including *Nixon in China, The Death of Klinghoffer* (both with librettist Alice Goodman), *Doctor Atomic,* and, most recently, *Girls of the Golden West.* He has led major arts festivals in Los Angeles, Adelaide, Venice and Vienna. He is Distinguished Professor of World Arts and Cultures at the University of California, Los Angeles, and his awards include a MacArthur Fellowship, Erasmus Prize, Gish Prize and the Polar Music Prize. He is a member of the American Academy of Arts and Sciences. His directions at Dutch National Oper include Debussy's *Pelléas et Mélisande,* Stravinsky's *Biblical Pieces, Oedipus Rex & Symphony of Psalms* and *The Rake's Progress,* and Saariaho's *Only the Sound Remains.*

Pianist, conductor, and composer Reinbert de Leeuw (Amsterdam 1938) studied piano and music theory at the Conservatory of Amsterdam, and then went on to study composition with Kees van Baaren at the Royal Conservatoire in The Hague. He has been the conductor of AskolSchönberg since its foundation in 1974. He was involved in organizing the Contemporaries series at the Concertgebouw, Amsterdam, and is co-founder and artistic director of the Netherlands Youth Orchestra's Summer Academy. In 1994, Utrecht University awarded him an honorary doctorate. He is also a professor at Leiden University. In 2008, on the occasion of his 70th birthday, he was made a Knight of the Order of the Netherlands Lion. His musical directions at Dutch National Opera include amongst others Stravinsky's *The Rake's Progress,* Andriessen's *Rosa, a Horse Drama, Writing to Vermeer, La Commedia* and *Theatre of the World,* as well as Claude Vivier's *Rêves d'un Marco Polo.*

PRODUCTIES GEREGISSEERD DOOR PIERRE AUDI VOOR DNO
PRODUCTIONS DIRECTED BY PIERRE AUDI AT DNO

ALLE PRODUCTIES VONDEN PLAATS IN AMSTERDAM; TENZIJ ANDERS VERMELD,
IN HET MUZIEKTHEATER/NATIONALE OPERA & BALLET.
ALL PRODUCTIONS TOOK PLACE IN AMSTERDAM; UNLESS OTHERWISE STATED,
IN THE MUSIC THEATRE/NATIONAL OPERA & BALLET.
WAAR GEEN LIBRETTIST VERMELD STAAT, IS DE COMPONIST TEVENS LIBRETTIST.
IF NO LIBRETTIST IS MENTIONED, THE COMPOSER IS ALSO THE LIBRETTIST.

Claudio Monteverdi	IL RITORNO D'ULISSE IN PATRIA
nieuwe versie	Glen Wilson
libretto	Giacomo Badaoro
dirigent	Glen Wilson
decor	Michael Simon
kostuums	Jorge Jara
licht	Jean Kalman
orkest	Ad-hoc Barok Ensemble
première	10 november 1990

Arnold Schönberg	DIE GLÜCKLICHE HAND
dirigent	Oliver Knussen, Richard Bernas
scenisch concept	Jannis Kounellis
kostuums	Jorge Jara
licht	Jean Kalman
instudering koor	Winfried Maczewski
koor	Koor DNO
orkest	Residentie Orkest
première	12 januari 1991

Morton Feldman	NEITHER
libretto	Samuel Beckett
dirigent	Oliver Knussen, Richard Bernas
scenische concept	Jannis Kounellis
kostuums	Jorge Jara
licht	Jean Kalman
orkest	Residentie Orkest
première	12 januari 1991

Theo Loevendie	GASSIR, THE HERO
dirigent	David Porcelijn
ruimtelijke indeling	Chloe Obolensky, Jannis Kounellis
kostuums	Chloe Obolensky
licht	Jean Kalman, Gerry van Puymbrouck
dramaturgie	Jean Kalman
orkest	Asko Ensemble
wereldpremière	3 juni 1991, Amsterdam Studio's

Claudio Monteverdi	IL COMBATTIMENTO DI TANCREDI E CLORINDA
libretto	Torquato Tasso
dirigent	David Porcelijn
decor	Chloe Obolensky, Jannis Kounellis
kostuums	Chloe Obolensky
licht	Gerry van Puymbrouck, Jean Kalman
gevechts-choreografie	Ger Visser
orkest	Asko Ensemble
première	3 juni 1991, Amsterdam Studio's

Wolfgang Amadeus Mozart	MITRIDATE, RE DI PONTO
libretto	Vittorio Amadeo Cigno-Santi
dirigent	Hartmut Haenchen, Julian Reynolds
decor	Michael Simon
kostuums	Jorge Jara
licht	Jean Kalman
orkest	Nederlands Kamerorkest
première	5 maart 1992
Param Vir	SNATCHED BY THE GODS
libretto	William Radice
dirigent	David Porcelijn
decor	Chloe Obolensky, Jannis Kounellis
kostuums	Chloe Obolensky
licht	Jean Kalman, Hugo van Uum
orkest	Asko Ensemble
wereldpremière	11 mei 1992, Amsterdam Studio's
Param Vir	BROKEN STRINGS
libretto	David Rudkin
dirigent	David Porcelijn
decor	Chloe Obolensky, Jannis Kounellis
kostuums	Chloe Obolensky
licht	Jean Kalman, Hugo van Uum
orkest	Asko Ensemble
wereldpremière	11 mei 1992, Amsterdam Studio's
Giacomo Puccini	LA BOHÈME
libretto	Giuseppe Giacosa, Luigi Illica
dirigent	Hartmut Haenchen
decor	Michael Simon
kostuums	Jorge Jara
licht	Jean Kalman
koordirigent	Winfried Maczewski
instudering koor	Koor DNO, Kinderkoor Geert Groote School
orkest	Nederlands Philharmonisch Orkest
première	30 november 1992
Harrison Birtwistle	PUNCH AND JUDY
libretto	Stephen Pruslin
dirigent	Oliver Knussen
scenisch concept	Georg Baselitz
kostuums	Jorge Jara
licht	Jean Kalman
orkest	Nederlands Kamerorkest
première	9 januari 1993
Claudio Monteverdi	L'INCORONAZIONE DI POPPEA
libretto	Giacomo Badoaro
dirigent	Christophe Rousset
decor	Michael Simon
kostuums	Emi Wada
licht	Jean Kalman
orkest	Les Talens Lyriques
première	7 november 1993

Wolfgang Amadeus Mozart	IL RE PASTORE
libretto	Pietro Metastasio
dirigent	Graeme Jenkins
decor, kostuums	Chloe Obolensky
licht	Jean Kalman
orkest	Nederlands Kamerorkest
première	12 januari 1994

Guus Janssen	NOACH
libretto	Friso Haverkamp
dirigent	Lucas Vis
decor	Karel Appel
kostuums	Karel Appel, Jorge Jara
licht	Jean Kalman
choreografie	Min Tanaka
orkest	Nieuw Artis Orkest, Mondriaan Kwartet
wereldpremière	17 juni 1994, Stadsschouwburg

Arnold Schönberg	ERWARTUNG
libretto	Marie Pappenheim
dirigent	Oliver Knussen
scenisch concept	Jannis Kounellis
kostuums	Jorge Jara
licht	Jean Kalman
orkest	Residentie Orkest
première	11 maart 1995

Arnold Schönberg	VON HEUTE AUF MORGEN
libretto	Max Blonda
dirigent	Oliver Knussen
scenisch concept	Jannis Kounellis
kostuums	Jorge Jara
licht	Jean Kalman
orkest	Residentie Orkest
première	11 maart 1995

Claudio Monteverdi	L'ORFEO
libretto	Alessandro Striggio
dirigent	Stephen Stubbs
decor	Michael Simon
kostuums	Jorge Jara
licht	Jean Kalman
koor	Vocaal Ensemble
instudering koor	Winfried Maczewski
orkest	Tragicomedia, Concerto Palatino
première	5 mei 1995

Wolfgang Amadeus Mozart	DIE ZAUBERFLÖTE
libretto	Emanuel Schikaneder
dirigent	Hartmut Haenchen
decor	Karel Appel
kostuums	Jorge Jara, Karel Appel
choreografie	Min Tanaka
licht	Jean Kalman
dramaturgie	Klaus Bertisch
instudering koor	Winfried Maczewski
koor	Koor DNO
orkest	Nederlands Kamerorkest
première	1 december 1995

Richard Wagner	**DAS RHEINGOLD**
dirigent	Hartmut Haenchen
decor	George Tsypin
kostuums	Eiko Ishioka
licht	Wolfgang Göbbel
dramaturgie	Klaus Bertisch
orkest	Residentie Orkest
première	4 september 1997
Richard Wagner	**DIE WALKÜRE**
dirigent	Hartmut Haenchen
decor	George Tsypin
kostuums	Eiko Ishioka
licht	Wolfgang Göbbel
dramaturgie	Klaus Bertisch
orkest	Nederlands Philharmonisch Orkest
première	31 januari 1998
Richard Wagner	**SIEGFRIED**
dirigent	Hartmut Haenchen
decor	George Tsypin
kostuums	Eiko Ishioka
licht	Wolfgang Göbbel
dramaturgie	Klaus Bertisch
orkest	Rotterdams Philharmonisch Orkest
première	1 juni 1998
Richard Wagner	**GÖTTERDÄMMERUNG**
dirigent	Hartmut Haenchen
decor	George Tsypin
kostuums	Eiko Ishioka
choreografie	Amir Hosseinpour
licht	Wolfgang Göbbel
dramaturgie	Klaus Bertisch
instudering koor	Winfried Maczewski
koor	Koor DNO
orkest	Nederlands Philharmonisch Orkest
première	8 september 1998
Christoph Willibald Gluck	**ALCESTE**
libretto	Le Blanc du Roullet
dirigent	Hartmut Haenchen
decor, licht	Jean Kalman
kostuums	Emi Wada
choreografie	Amir Hosseinpour
dramaturgie	Klaus Bertisch
instudering koor	Winfried Maczewski
orkest	Nederlands Kamerorkest
koor	Koor DNO
première	2 oktober 1999

Guus Janssen	HIER°
libretto	Friso Haverkamp
dirigent	Lucas Vis
decor	Michael Simon
kostuums	Jorge Jara
choreografie	Amir Hosseinpour
licht	Jean Kalman
instudering koor	Daniel Reuss
orkest	Paleisorkest
koor	Cappella Amsterdam
wereldpremière	21 januari 2000, Stadsschouwburg

Claude Vivier	RÊVES D'UN MARCO POLO
dirigent	Reinbert de Leeuw
decor, licht	Jean Kalman
kostuums	Angelo Figus
orkest	Asko Ensemble, Schönberg Ensemble
wereldpremière	4 juni 2000, Gashouder Westergasfabriek

Alexander Knaifel	ALICE IN WONDERLAND
libretto	naar verhalen van Lewis Carroll
dirigent	Martyn Brabbins
decor	Michael Simon
kostuums	Jorge Jara
choreografie	Amir Hosseinpour
licht	Jean Kalman
instudering koor	Winfried Maczewski
orkest	Nederlands Kamerorkest, solisten Asko|Schönberg
koor	Solisten Koor DNO
wereldpremière	4 september 2001, Koninklijk Theater Carré

Richard Wagner	LOHENGRIN
dirigent	Edo de Waart
decor	Jannis Kounellis
licht	Jean Kalman
kostuums	Angelo Figus
dramaturgie	Klaus Bertisch
instudering koor	Winfried Maczewski
orkest	Rotterdams Philharmonisch Orkest
koor	Koor DNO
première	2 februari 2002

Wolfgang Amadeus Mozart	LA CLEMENZA DI TITO
libretto	Caterino Mazzolà, naar Pietro Metastasio
nieuwe recitatieven	Manfred Trojahn
dirigent	Hartmut Haenchen
decor, licht	Jan Versweyveld
kostuums	Patrick Kinmonth
orkest	Nederlands Kamerorkest
instudering koor	Winfried Maczewski
koor	Koor DNO
première	2 december 2002

Tan Dun	**TEA**
libretto	Tan Dun, Xu Ying
dirigent	Tan Dun
decor, licht	Jean Kalman
kostuums	Angelo Figus
video	Frank Scheffer
orkest	Nederlands Kamerorkest
première	7 januari 2003

Hector Berlioz	**LES TROYENS**
dirigent	Edo de Waart
decor	George Tsypin
kostuums	Andrea Schmidt-Futterer
choreografie	Amir Hosseinpour, Jonathan Lunn
licht	Peter van Praet
dramaturgie	Klaus Bertisch
instudering koor	Winfried Maczewski
orkest	Radio Filharmonisch Orkest Holland
koor	Koor DNO
première	5 oktober 2003

Robin de Raaff	**RAAFF**
libretto	Janine Brogt
dirigent	Lawrence Renes
decor, licht	ean Kalman
kostuums	Robby Duiveman
instudering koor	Winfried Maczewski
orkest	Nieuw Ensemble
koor	Vocaal ensemble, DNO
wereldpremière	23 juni 2004, Gashouder Westergasfabriiek

Georg Friedrich Händel	**TAMERLANO**
libretto	Nicola Francesco Haym
dirigent	Christophe Rousset
decor, kostuums	Patrick Kinmonth
licht	Matthew Richardson
orkest	Les Talens Lyriques
première	21 oktober 2005, Stadsschouwburg

Georg Friedrich Händel	**ALCINA**
libretto	Anonym
dirigent	Christophe Rousset
decor, kostuums	Patrick Kinmonth
licht	Peter van Praet
instudering koor	Winfried Maczewski
orkest	Les Talens Lyriques
koor	Vocaal ensemble, Koor DNO
première	22 oktober 2005, Stadsschouwburg

Jonathan Harvey	**WAGNER DREAM**
libretto	Jean-Claude Carrière
dirigent	Martyn Brabbins
decor, licht	Jean Kalman
kostuums	Robby Duiveman
live sound mixing	Jonathan Harvey
sound design	Carl Faia, Gilbert Nouno (IRCAM, Parijs)
dramaturgie	Klaus Bertisch
orkest	Ictus Ensemble
première	6 juni 2007, Transformatorhuis Westergasfabriek

Claudio Monteverdi	**MADRIGALEN**
libretto	Ottavio Rinucci, Torquato Tasso
dirigent	Christophe Rousset
decor	Chloe Obolensky, Jannis Kounellis, Patrick Kinmonth
kostuums	Chloe Obolensky, Patrick Kinmonth
licht	Jean Kalman
orkest	Les Talens Lyriques
première	15 september 2007, Zuiveringshal West, Westergasfabriek

Jean-Philippe Rameau	**CASTOR ET POLLUX**
libretto	Pierre-Joseph Bernard
dirigent	Christophe Rousset
decor, kostuums	Parick Kinmonth
licht	Jean Kalman
choreografie	Amir Hosseinpour
instudering koor	Martin Wright
orkest	Les Talens Lyriques
koor	Koor DNO
première	18 januari 2008

Olivier Messiaen	**SAINT FRANÇOIS D'ASSISE**
dirigent	Ingo Metzmacher
decor, licht	Jean Kalman
kostuums	Angelo Figus
video	Erwan Huon
dramaturgie	Klaus Bertisch
instudering koor	Martin Wright
orkest	Residentie Orkest
koor	Koor DNO
première	1 juni 2008

Tan Dun	**MARCO POLO**
libretto	Paul Griffiths
dirigent	Tan Dun, Stephen Osgood
decor	Jean Kalman ism Elsa Ejchenrand
licht	Jean Kalman
kostuums	Angelo Figus
orkest	Nederlands Kamerorkest
instudering koor	Daniel Reuss
koor	Cappella Amsterdam
première	7 november 2008

Fromental Halévy	**LA JUIVE**
libretto	Eugène Scribe
dirigent	Carlo Rizzi
decor	George Tsypin
licht	Jean Kalman
kostuums	Dagmar Niefind
choreografie	Amir Hosseinpour
dramaturgie	Willem Bruls
instudering koor	Martin Wright
orkest	Nederlands Philharmonisch Orkest
koor	Koor DNO
première	4 september 2009

Wolfgang Rihm	DIONYSOS
libretto	naar teksten van Friedrich Nietzsche
dirigent	Ingo Metzmacher, Peter Tilling
decor	Jonathan Meese
licht	Jean Kalman
kostuums	Jorge Jara
video	Martin Eidenberger
dramaturgie	Klaus Bertisch
instudering koor	Gijs Leenaars
orkest	Nederlands Philharmonisch Orkest
koor	Cappella Amsterdam
première	8 juni 2011, Gashouder Westergasfabriek
Christoph Willibald Gluck	IPHIGÉNIE EN AULIDE & IPHIGÉNIE EN TAURIDE
libretto's	naar Jean Racine
Aulide	F.-L. Gand Le Bland Du Roullet
Tauride	N.-Fr. Guillard
dirigent	Mark Minkowski
decor	Michael Simon
licht	Jean Kalman
kostuums	Anna Eiermann
dramaturgie	Klaus Bertisch
instudering koor	Martin Wright
orkest	Les Musiciens du Louvre
koor	Koor DNO
première	7 september 2011
Richard Wagner	PARSIFAL
dirigent	Iván Fischer
decor	Anish Kapoor
licht	Jean Kalman
kostuums	Christof Hetzer
beweging	Gail Skrela
dramaturgie	Klaus Bertisch
instudering koor	Martin Wright
orkest	Koninklijk Concertgebouworkest
koor	Koor DNO
première	12 juni 2012
Gioacchino Rossini	GUILLAUME TELL
libretto	É. de Jouy, H.-L.-Fl. Bis, naar Friedrich Schiller
dirigent	Paolo Carignani
decor	George Tsypin
licht	Jean Kalman
kostuums	Andrea Schmidt-Futterer
choreografie	Kim Brandstrup
dramaturgie	Klaus Bertisch
instudering koor	Eberhard Friedrich
orkest	Nederlands Philharmonisch Orkest
koor	Koor DNO
première	28 januari 2013

Arnold Schönberg	GURRE-LIEDER
libretto	Jens Peter Jacobson;
	Duitse vertaling Robert Franz Arnold
dirigent	Marc Albrecht
decor, kostuums	Christof Hetzer
licht	Jean Kalman
video	Martin Eidenberger
dramaturgie	Klaus Bertisch
koorleiding	Thomas Eitler
orkest	Nederlands Philharmonisch Orkest
koor	Koor DNO, KammerChor des Chor-Forum Essen
scenische wereldpremière	2 september 2014

Louis Andriessen	THEATRE OF THE WORLD
libretto	Helmut Krausser
dirigent	Reinbert de Leeuw
decor, video	Quay Brothers
licht	Jean Kalman
kostuums	Florence von Gerkan
dramaturgie	Klaus Bertisch
orkest	AskolSchönberg
wereldpremière	11 juni 2016, Koninklijk Theater Carré

Johann Sebastian Bach,	AND YOU MUST SUFFER
Samir Odeh-Tamimi,	
Annelies van Parys	
libretto	naar *Johannes-Passion*
dirigent	Andreas Spering
beeld	Wim Delvoye
decor, kostuums	Roel Van Berckelaer
licht	Peter Quasters
video	Mirjam Devriendt
instudering koor	Daniel Reuss
orkest	B'Rock
koor	Cappella Amsterdam
première	28 maart 2017

Claudio Monteverdi	MARIAVESPERS
dirigent	Raphaël Pichon
sculptuur, concept scenografie	Berlinde De Bruyckere
kostuums, scenische vormgeving	Roel van Berckelaer
licht	Felice Ross
video	Mirjam Devriendt
geluid	Jan Panis
zangers, musici	Pygmalion
première	3 juni 2017, Gashouder Westergasfabriek

Richard Wagner	TRISTAN UND ISOLDE
dirigent	Marc Albrecht
decor, kostuums	Christof Hetzer
licht	Jean Kalman
video	Anna Bertsch
dramaturgie	Willem Bruls
Instudering koor	Ching-Lien Wu
orkest	Nederlands Philharmonisch Orkest
koor	Koor DNO
première	18 januari 2018

Karlheinz Stockhausen	PASSAGES AUS LICHT
muzikale leiding	Kathinka Pasveer
klankregie	Juan Verdagen, Arne Bock, Marko Uzunovski
kostuums	Wojciech Dziedzic
koor, orkest	Ensembles van het Koninklijke Conservatorium Den Haag
première	25 maart 2018
Stefano Landi	LA MORTE D'ORFEO
libretto	Anonym
dirigent	Christophe Rousset
decor	Christof Hetzer
licht	Bernd Purkrabek
kostuums	Robby Duiveman
video	Anna Bertsch
dramaturgie	Klaus Bertisch
orkest	Les Talens Lyriques
première	23 maart 2018, Muziekgebouw aan 't IJ

PRODUCTIES GEREGISSEERD DOOR PIERRE AUDI IN NEDERLAND
PRODUCTIONS DIRECTED BY PIERRE AUDI IN THE NETHERLANDS

William Shakespeare	TIMON VAN ATHENE
vertaling	Gerrit Komrij
dramaturgie	Janine Brogt
scenografie	Michael Simon
licht	Jean Kalman
choreografie	Min Tanaka
kostuumontwerp	Emi Wada
première	21 januari 1995, Amsterdam, Stadsschouwburg, Toneelgroep Amsterdam

William Shakespeare	MAAT VOOR MAAT
vertaling, dramaturgie	Janine Brogt
decor, licht	Jean Kalman
kostuums	Tessa Lute
muziek	Ron Ford
première	31 januari 1996, Eindhoven, Stadsschouwburg, Het Zuidelijk Toneel

Jean Racine	BÉRÉNICE
vertaling, dramaturgie	Janine Brogt
decor, licht	Jean Kalman
kostuums	Tessa Lute
muziek	Marc Meulemans
première	30 oktober 1998, Eindhoven, Stadsschouwburg, Het Zuidelijk Toneel

Sophocles	OIDIPOUS
vertaling	Hugo Claus
dramaturgie	Janine Brogt
scenografie	Jan Versweyveld
muziek	Marc Meulemans
geluidsontwerp	Michèl Koenders
kostuumontwerp	Inge Büscher
première	11 oktober 2001, Amsterdam, Stadsschouwburg, Toneelgroep Amsterdam

Pierre Audi	FOR BIRTH OR DEATH
film	naar Benjamin Britten, Canticles 2 en 4
première	23 december 2001, Ned. 3, IDTV & NPS-televisie

Marius Constant, naar Georges Bizet	LA TRAGÉDIE DE CARMEN
bewerking	Peter Brook, Jean-Claude Carrière
dirigent	Micha Hamel, Winfried Maczewski
ensemble	ad hoc
première	15 juni 2002, Amsterdam, Frascati, Opera Studio Nederland

Kaija Saariaho	L'AMOUR DE LOIN
libretto	Amin Maalouf
dirigent	Susanna Mälkki
mise-en-espace	Pierre Audi
orkest, koor	Finse Nationale Opera
première	4 juni 2005, Amsterdam, Muziekgebouw aan 't IJ, Holland Festival
Claude Vivier	LOVE SONGS
dirigent	Rachid Safir
mise-en-espace	Pierre Audi
ensemble	Zephyr Strijkkwartet
zang	Les Jeunes Solistes
première	12 juni 2005, Amsterdam, Muziekgebouw aan 't IJ, Holland Festival
György Kurtág	GYÖRGY KURTÁG 80 JAAR
dirigent	Reinbert de Leeuw
mise-en-espace	Pierre Audi
ensemble	Schönberg Ensemble, Asko Ensemble, Vocaal Ensemble
strijkkwartet	Sacconi Quartet
première	23 juni 2006, Amsterdam Muziekgebouw aan 't IJ, Holland Festival
August Strindberg	NAAR DAMASCUS
bewerking	Janine Brogt
scenografie, licht	Jean Kalman
muziek	Harry de Wit
kostuums	Greta Goiris
première	6 april 2008, Amsterdam, Stadsschouwburg, Toneelgroep Amsterdam
Pascal Dusapin	PASSION
libretto	Pascal Dusapin i.s.m. Rita de Letteriis
dirigent	Franck Ollu
mise-en-espace	Pierre Audi i.s.m. Jean Kalman
ensemble	Ensemble Modern Frankfurt
koor	VocaalLAB
klankbeeld	Thierry Coduys
première	10 juni 2009, Amsterdam, Muziekgebouw aan 't IJ, Holland Festival
Edgar Varèse	EDGAR VARÈSE 360 GRADEN
dirigent	Peter Eötvös
arrangementen	Chou Wen-chung
video	Gary Hill
mise-en-espace	Pierre Audi, Gary Hill
licht	Glen D'haenens
kostuums	Paulina Wallenberg Olsson
orkest	AskolSchönberg, Rotterdams Philharmonisch Orkest
zang	Cappella Amsterdam
première	13 & 14 juni 2009, Amsterdam, Gashouder Westergasfabriek, Holland Festival

Karel Goeyvaerts	AQUARIUS
dirigent	Alejo Pérez
decor	Christof Hetzer
licht	Georg Veit
dramaturgie	Janine Brogt
orkest	Radio Filharmonisch Orkest
koor	Nederlands Kamerkoor
première	21 juni 2009, Amsterdam Muziekgebouw aan 't IJ, Holland Festival

Harrison Birtwistle	THE CORRIDOR
dirigent	Reinbert de Leeuw
mise-en-espace	Pierre Audi
licht	Peter van Praet
ensemble	AskolSchönberg
première	21 juni 2010, Amsterdam, Muziekgebouw aan 't IJ, Holland Festival

Claudio Monteverdi	LA TRAGEDIA D'ORFEO
dirigent	Trisdee na Patalung
toneelbeeld	Clement & Sanôu
orkest	Orfeo Consort
première	26 oktober 2010, Amsterdam, Compagnietheater, Opera Studio Nederland

Richard Ayres	THE CRICKET RECOVERS
libretto	Rozalie Hirs, naar Toon Tellegen
Engelse vertaling	John Irons
dirigent	Etienne Siebens
licht	Jean Kalman
scenografie	Jean Kalman ism Elsa Ejchenrand
ensemble	AskolSchönberg
zang	VocaalLAB Nederland
première	19 juni 2011, Amsterdam, Compagnietheater, Holland Festival

Kaija Saariaho	JE SENS UN DEUXIÈME COEUR
tekst	Amin Malouf
licht, decor	Jean Kalman
première	4 februari 2012, Haarlem, Toneelschuur, Stichting WOLF

Pierre Boulez, Kaija Saariaho, Richard Rijnvos, Magnus Lindberg	OUT OF THE BOX
dirigent	Susanna Mälkki
mise-en-espace	Pierre Audi
orkest	Koninklijk Concertgebouworkest
wereldpremière	22 juni 2012, Amsterdam, Gashouder Westergasfabriek, Holland Festival

Rob Zuidam	TROPARION & SUSTER BERTKEN
dirigent	Reinbert de Leeuw
toneelbeeld	Christof Hetzer
ensemble	AskoISchönberg, Liza Ferschtman, Hubert Claessens
wereldpremière	18 juni 2013, Amsterdam, Muziekgebouw aan 't IJ, Holland Festival
G.Fr. Händel	ORLANDO
libretto	naar L. Ariosto
dirigent	René Jacobs
decor, kostuums	Christof Hetzer
belichting	Jean Kalman
video	Michael Saxer
orkest	Baroque Orchestra B'Rock
première	9 juni 2014, Amsterdam, Stadsschouwburg, De Munt, Brussel
Calliope Tsoupaki	OIDIPOUS
libretto	Edzard Mik, naar Sophocles
dirigent	Jos van Veldhoven
mise-en-espace	Pierre Audi
decor	Christof Hetzer
licht	Bernd Purkrabek
orkest	Nederlandse Bachvereniging
première	28 juni 2014, Amsterdam, Muziektheater aan 't IJ, Holland Festival

PRODUCTIES GEREGISSEERD DOOR PIERRE AUDI IN HET BUITENLAND
PRODUCTIONS DIRECTED BY PIERRE AUDI ABROAD

G. Verdi	JÉRUSALEM
libretto	A. Royer, G. Vaëz
dirigent	Paul Daniel
decor	Michael Simon
kostuums	Jorge Jara
licht	Jean Kalman
koor, orkest	Opera North
première	3 april 1990, Leeds, Opera North

Param Vir	SNATCHED BY THE GODS & BROKEN STRINGS
libretto's	Snatched: William Radice
	Broken: David Rudkin
dirigent	David Porcelijn
decor	Chloe Obolensky, Jannis Kounellis
kostuums	Chloe Obolensky
licht	Jean Kalman, Hugo van Uum
orkest	Asko Ensemble
wereldpremière	22 mei 1992, Münchener Biennale, Muffathalle

W.A. Mozart	COSÌ FAN TUTTE
libretto	Lorenzo da Ponte
dirigent	Spiros Agiris
decor	Michael Simon
kostuums	Jorge Jara
licht	Jean Kalman
instrudering koor	Marcello Seminara
koor, orkest	Teatro Bellini
première	18 april 1993, Catania, Teatro Massimo Bellini

H.W. Henze	VENUS UND ADONIS
libretto	H.-U. Treichel, naar William Shakespeare
dirigent	Markus Stenz
decor, kostuums	Chloe Obolensky
licht	Jean Kalman
koor, orkest	Bayerische Staatsoper
wereldpremière	11 januari 1997, München, Bayerische Staatsoper

G.Fr. Händel	TAMERLANO
libretto	N.Fr. Haym
dirigent	Christophe Rousset
decor, kostuums	Patrick Kinmonth
licht	Matthew Richardson
orkest	Les Talens Lyriques
première	augustus 2000, Stockholm, Drottningholms Slottsteater

D. Cimarosa	IL MATRIMONIO SEGRETO
libretto	G. Bertati
dirigent	Christophe Rousset
decor, kostuums	Chloe Obolensky
licht	Jean Kalman
orkest	Les Talens Lyriques
première	maart 2002, Parijs, Théâtre des Champs-Elysées
G.Fr. Händel	ALCINA
libretto	Anoniem
dirigent	Christophe Rousset
decor, kostuums	Patrick Kinmonth
licht	Peter van Praet
orkest	Les Talens Lyriques
première	augustus 2003, Stockholm, Drottningholms Slottsteater
J.-Ph. Rameau	ZOROASTRE
libretto	L. de Cahusac
dirigent	Christophe Rousset
decor, kostuums	Patrick Kinmonth
licht	Peter van Praet
choreografie	Amir Hosseinpour
première	augustus 2005, Stockholm, Drottningholms Slottsteater
W.A. Mozart	DIE ZAUBERFLÖTE
libretto	E. Schikaneder
dirigent	Riccardo Muti
decor	Karel Appel
kostuums	Karel Appel, Jorge Jara
choreografie	Min Tanaka
licht	Jean Kalman
dramaturgie	Klaus Bertisch
koorleiding	Thomas Lang
koor	Konzertvereinigung Wiener Staatsopernchor
orkest	Wiener Philharmoniker
première	29 juli 2006, Salzburger Festspiele, Großes Festspielhaus
Fromental Halévy	LA JUIVE
libretto	Eugène Scribe
dirigent	Daniel Oren
decor	George Tsypin
licht	Jean Kalman
kostuums	Dagmar Niefind
choreografie	Amir Hosseinpour
dramaturgie	Willem Bruls
koorleiding	Alessandro di Stefano
orkest, koor	Opéra National de Paris
première	16 februari 2007, Parijs, Opéra Bastille

Jonathan Harvey	**WAGNER DREAM**
libretto	Jean-Claude Carrière
dirigent	Martyn Brabbins
decor, licht	Jean Kalman
kostuums	Robby Duiveman
live sound mixing	Jonathan Harvey
sound design	Carl Faia, Gilbert Nouno (IRCAM, Parijs)
dramaturgie	Klaus Bertisch
orkest	Ictus Ensemble
wereldpremière	28 april 2007, Luxemburg, Grand Théâtre de Luxembourg
Claude Debussy	**PELLÉAS ET MÉLISANDE**
libretto	Maurice Maeterlinck
dirigent	Mark Wigglesworth
decor	Anish Kapoor
kostuums	Patrick Kinmonth
licht	Jean Kalman
koorleiding	Piers Maxim
koor, orkest	De Munt
première	4 september 2008, Brussel, De Munt
G.Fr. Händel	**PARTENOPE**
libretto	Silvio Stampiglia
dirigent	Christophe Rousset
decor	Patrick Kinmonth
licht	Matthew Richardson
dramaturgie	Willem Bruls
orkest	Les Talens Lyriques
première	22 februari 2009, Wenen, Theater an der Wien
Karel Goeyvaerts	**AQUARIUS**
dirigent	Sian Edwards
decor, kostuums	Christof Hetzer
licht	Georg Veit
dramaturgie	Janine Brogt
koor, orkest	Vlaamse Opera Muzikale leiding
wereldpremière	9 juni 2009, Antwerpen, Vlaamse Opera
Chr.W. Gluck	**IPHIGÉNIE EN AULIDE & IPHIGÉNIE EN TAURIDE**
libretto's	naar Jean Racine
	Aulide: F.-L. Gand Le Bland Du Roullet
	Tauride: N.-Fr. Guillard
dirigent	Christophe Rousset
decor	Michael Simon
licht	Jean Kalman
kostuums	Anna Eiermann
dramaturgie	Klaus Bertisch
koorleidng	Piers Maxim
koor, orkest	De Munt
première	1 december 2009, Brussel, De Munt

G. Verdi	ATTILA
libretto	Temistocle Solera
dirigent	Riccardo Muti
decor	Jacques Herzog, Pierre de Meuron
kostuums	Miuccia Prada
orkest, koor	Metropolitan Opera
première	23 februari 2010, New York, Metropolitan Opera
Wolfgang Rihm	DIONYSOS
libretto	naar teksten van Friedrich Nietzsche
dirigent	Ingo Metzmacher
decor	Jonathan Meese
licht	Jean Kalman
kostuums	Jorge Jara
video	Martin Eidenberger
dramaturgie	Klaus Bertisch
koorleiding	Jörg Hinnerk Andresen
koor	Konzertvereinigung Wiener Staatsopernchor
orkest	Deutsches Symphonie-Orchester Berlin
première	27 juli 2010, Salzburger Festspiele, Haus für Mozart
H.W. Henze	GISELA! ODER: DIE MERK- UND DENKWÜRDIGEN WEGE DES GLÜCKS
libretto	H.W. Henze, Chr. Lehnert, M. Kerstan
dirigent	Steven Sloane
decor, kostuums	Christoph Hetzer
licht	Jean Kalman
choreografie	Jill Emerson, Gail Skrela
video	Martin Eidenberger
dramaturgie	Klaus Bertisch
koor	Jugend-Kammerchor der Chorakademie Dortmund
ensemble	Studio musikFabrik, Jugendensemble des Landesmusikrats NRW
wereldpremière	25 september 2010, Ruhrtriennale, Maschinenhalle Zeche Zweckel, Gladbeck
Antonio Vivaldi	ORLANDO FURIOSO
libretto	Brazio Braccioli, naar Ludovico Ariosto
dirigent	Jean-Christophe Spinosi
decor, kostuums	Patrick Kinmonth
licht	Peter van Praet
dramaturgie	Willem Bruls
orkest	Ensemble Matheus
première	14 maart 2011, Parijs, Théâtre des Champs-Élysées
G.Fr. Händel	ORLANDO
libretto	naar Ludovico Ariosto
dirigent	René Jacobs
decor, kostuums	Christof Hetzer
licht	Jean Kalman
video	Michael Saxer
orkest	Baroque Orchestra B'Rock
première	19 april 2012, Brussel, De Munt

M.-A. Charpentier	MÉDÉE
dirigent	Emmanuelle Haïm
decor	Jonathan Meese, Marlies Forenbacher
kostuums	Jorge Jara
licht	Jean Kalman
choreografie	Kim Brandstrup
dramaturgie	Willem Bruls
koor	Le Chœur d'Astrée
orkest	Le Concert d'Astrée
première	12 oktober 2012, Parijs, Théâtre des Champs-Élysées
Jonathan Harvey	WAGNER DREAM
libretto	Jean-Claude Carrière
dirigent	Nicholas Collon
decor, licht	Jean Kalman
kostuums	Robby Duiveman
live sound mixing	Jonathan Harvey
sound design	Carl Faia, Gilbert Nouno (IRCAM, Parijs)
dramaturgie	Klaus Bertisch
orkest	Ictus Ensemble
première	6 juni 2013 (nieuwe versie), Cardiff, Welsh National Opera
Wolfgang Rihm	DIE EROBERUNG VON MEXICO
libretto	naar Antonin Artaud, Octavio Paz
dirigent	Alejo Pérez
decor	Alexander Polzin
licht	Urs Schönebaum
kostuums	Wojciech Dziedzic
video	Claudia Rohrmoser
dramaturgie	Klaus Bertisch
koorleiding	Andrés Máspero
koor, orkest	Teatro Real
première	9 oktober 2013, Madrid, Teatro Real
Julian Anderson	THEBANS
libretto	Frank McGuinness, naar Sophocles
dirigent	Edward Gardner
decor	Tom Pye
kostuums	Christof Hetzer
licht	Jean Kalman
video	Lysander Ashton
koorleiding	Dominic Peckham
koor, orkest	English National Opera
wereldpremière	3 mei 2014, Londen, Coliseum, English National Opera

G. Puccini	TOSCA
libretto	G. Giacosa, L. Illica
dirigent	Daniel Oren, Evelino Pidò
decor	Christof Hetzer
kostuums	Robby Duiveman
licht	Jean Kalman
dramaturgie	Klaus Bertisch
koorleiding	José Luis Basso
koor, orkest	Opéra National de Paris
première	10 oktober 2014, Parijs, Opéra Bastille
G. Verdi	RIGOLETTO
libretto	Fr.M. Piave, naar Victor Hugo
dirigent	Evelino Pidò
decor	Christof Hetzer
licht	Bernd Purkrabek
dramaturgie	Bettina Auer
koor, orkest	Wiener Staatsoper
première	20 december 2014, Wenen, Staatsoper
Pascal Dusapin	PENTHESILEA
libretto	naar Heinrich von Kleist
dirigent	Franck Ollu
decor	Berlinde De Bruyckere
video	Mirjam Devriendt
dramaturgie	Beate Haeckl
koor, orkest	De Munt
wereldpremière	31 maart 2015, Brussel, De Munt
J.S. Bach, Samir Odeh-Tamimi, Annelies van Parys	AND YOU MUST SUFFER
libretto	naar *Johannes-Passion*
dirigent	Andreas Spering
beeld	Wim Delvoye
decor, kostuums	Roel van Berckelaer
licht	Peter Quasters
video	Mirjam Devriendt
orkest	B'Rock
koor	Cappella Amsterdam
wereldpremière	10 maart 2016, Brussel, Muziektheater Transparant
Richard Wagner	TRISTAN UND ISOLDE
dirigent	Daniele Gatti
decor, kostuums	Christof Hetzer
licht	Jean Kalman
video	Anna Bertsch
dramaturgie	Willem Bruls
koorleiding	Stéphane Petitjean
koor	Chœur de Radio France
orkest	Orchestre National de France
première	12 mei 2016, Parijs, Théâtre des Champs-Elysées

Giacomo Rossini	**GUILLAUME TELL**
libretto	Étienne de Jouy, Hippolyte Bis, naar Friedrich Schiller
dirigent	Fabio Luisi
decor	George Tsypin
licht	Jean Kalman
kostuums	Andrea Schmidt-Futterer
choreografie	Kim Brandstrup
dramaturgie	Klaus Bertisch
koor, orkest	Metropolitan Opera
première	18 oktober 2016, New York, Metropolitan Opera
Alberto Ginastera	**BOMARZO**
libretto	Manuel Mujica Lainez
dirigent	David Afkham
decor, licht	Urs Schönebaum
kostuums	Wojciech Dziedzic
dramaturgie	Klaus Bertisch
video	Jon Rafman
choreografie	Amir Hosseinpour, Jonathan Lunn
koorleiding	Andrés Máspero
koor, orkest	Teatro Real
première	24 april 2017, Teatro Real, Madrid
Richard Wagner	**PARSIFAL**
dirigent	Kirill Petrenko
decor	Georg Baselitz, Christof Hetzer
licht	Urs Schönebaum
kostuums	Florence von Gerkan, Tristan Sczesny
dramaturgie	Klaus Bertisch, Benedikt Stampfli
koorleiding	Sören Eckhoff, Stellario Fagone
koor, orkest	Bayerische Staatsoper
première	1 juli 2018, München, Bayerische Staatsoper

FOTOVERANTWOORDING
IMAGE CREDITS

1 Mariavespers (2016/17)
concept scenografie | concept scenography:
Berlinde De Bruyckere
decor | sets: Roel van Berckelaer
licht | lighting: Felice Ross
foto | photo: Ruth Walz

2 Erwartung (1994/95)
decor | sets: Jannis Kounellis
licht | lighting: Jean Kalman
foto | photo: Ruth Walz

3 Parsifal (2011/12)
decor | sets: Anish Kapoor
licht | lighting: Jean Kalman
foto | photo: Ruth Walz

4 Tristan und Isolde (2017/18)
decor | sets: Christof Hetzer
licht | lighting: Jean Kalman
foto | photo: Ruth Walz

5 Rêves d'un Marco Polo (2003/04)
decor | sets, licht | lighting: Jean Kalman
foto | photo: Hermann & Clärchen Baus

6 Saint François d'Assise (2007/08)
decor | sets, licht | lighting: Jean Kalman
foto | photo: Ruth Walz

7 Orlando (2011/12)
decor | sets: Christof Hetzer
licht | lighting: Jean Kalman
foto | photo: Bernd Uhlig

8 Gurre-Lieder (2014/15)
decor | sets: Christof Hetzer
licht | lighting: Jean Kalman
foto | photo: Ruth Walz

9 Pelléas et Mélisande (2013)
decor | sets: Anish Kapoor
licht | lighting: Jean Kalman
foto | photo: Bernd Uhlig

10 Médée (2012/13)
decor | sets: Jonathan Meese, Marlies Forenbacher
licht | lighting: Jean Kalman
foto | photo: Ruth Walz

11 Das Rheingold (1997/98)
decor | sets: George Tsypin
licht | lighting: Wolfgang Göbbel
foto | photo: Ruth Walz

12 Die Walküre (1997/98)
decor | sets: George Tsypin
licht | lighting: Wolfgang Göbbel
foto | photo: Ruth Walz

13 Siegfried (1997/98)
decor | sets: George Tsypin
licht | lighting: Wolfgang Göbbel
foto | photo: Ruth Walz

14 Götterdämmerung (1998/99)
decor | sets: George Tsypin
licht | lighting: Wolfgang Göbbel
foto | photo: Monika Rittershaus

15 L'Orfeo (2007/08)
decor | sets: Michael Simon
licht | lighting: Jean Kalman
foto | photo: Ruth Walz

16 Il ritorno d'Ulisse in patria (2007/08)
decor | sets: Michael Simon
licht | lighting: Jean Kalman
foto | photo: Ruth Walz

17 L'incoronazione di Poppea (2007/08)
decor | sets: Michael Simon
licht | lighting: Jean Kalman
foto | photo: Ruth Walz

18 A Kilogram of Feathers (2018)
foto | photo: Kim Krijnen

19 Ou bien le débarquement désastreux (1993)
decor | sets: Magdalena Jetelova
licht | lighting: Jean Kalman
foto | photo: Dominik Mentzos

20 Eraritjaritjaka (2004)
decor | sets, licht | lighting: Klaus Grünberg
foto | photo: Krzysztof Bieliński

21 Stifters Dinge (2007)
decor I sets, licht I lighting: Klaus Grünberg
foto I photo: Wonge Bergmann/Ruhrtriennale

22 Stifters Dinge (2007)
decor I sets, licht I lighting: Klaus Grünberg
foto I photo: Mario del Curto

23 Table/卓 (2018)
foto I photo: Kim Krijnen

24 L'Orfeo (2007/08)
decor I sets: Michael Simon
licht I lighting: Jean Kalman
foto I photo: Ruth Walz

25 Il ritorno d'Ulisse in patria (2007/08)
decor I sets: Michael Simon
licht I lighting: Jean Kalman
foto I photo: Ruth Walz

26 L'incoronazione di Poppea (2007/08)
decor I sets: Michael Simon
licht I lighting: Jean Kalman
foto I photo: Ruth Walz

27 Das Rheingold (1997/98)
decor I sets: George Tsypin
licht I lighting: Wolfgang Göbbel
foto I photo: Ruth Walz

28 Die Walküre (1997/98)
decor I sets: George Tsypin
licht I lighting: Wolfgang Göbbel
foto I photo: Ruth Walz

29 Siegfried (1997/98)
decor I sets: George Tsypin
licht I lighting: Wolfgang Göbbel
foto I photo: Ruth Walz

30 Götterdämmerung (1998/99)
decor I sets: George Tsypin
licht I lighting: Wolfgang Göbbel
foto I photo: Ruth Walz

31 Pelléas et Mélisande (2013)
decor I sets: Anish Kapoor
licht I lighting: Jean Kalman
foto I photo: Bernd Uhlig

32 Gurre-Lieder (2014/15)
decor I sets: Christof Hetzer
licht I lighting: Jean Kalman
foto I photo: Ruth Walz

33 Dionysos (2010/11)
decor I sets: Jonathan Meese
licht I lighting: Jean Kalman
foto I photo: Ruth Walz

34 Gassir (1992/93)
decor I sets: Chloe Obolensky
licht I lighting: Gerry van Puymbrouck, Jean Kalman
foto I photo: Ruth Walz

35 Die glückliche Hand (1994/95)
decor I sets: Jannis Kounellis
licht I lighting: Jean Kalman
foto I photo: Ruth Walz

36 Rêves d'un Marco Polo (2003/04)
decor I sets, licht I lighting: Jean Kalman
foto I photo: Hermann & Clärchen Baus

37 Mariavespers (2016/17)
concept scenografie I concept scenography: Berlinde De Bruyckere
decor I sets: Roel van Berckelaer
licht I lighting: Felice Ross
foto I photo: Ruth Walz

38 Erwartung (1994/95)
decor I sets: Jannis Kounellis
licht I lighting: Jean Kalman
foto I photo: Ruth Walz

39 Parsifal (2011/12)
decor I sets: Anish Kapoor
licht I lighting: Jean Kalman
foto I photo: Ruth Walz

40 Tristan und Isolde (2017/18)
decor I sets: Christof Hetzer
licht I lighting: Jean Kalman
foto I photo: Ruth Walz

41 Theatre of the World (2015/16)
decor I sets: Quay Brothers
licht I lighting: Jean Kalman
foto I photo: Ruth Walz

COLOFON
CREDITS

Deze publicatie verschijnt ter gelegenheid van het afscheid van Pierre Audi als directeur van De Nationale Opera.
This book was published on the occasion of the farewell of Pierre Audi as director of Dutch National Opera.

Uitgevers | Publishers
De Nationale Opera, Amsterdam &
Amsterdam University Press

Deze uitgave is mede mogelijk gemaakt door een financiële bijdrage van de Faculteit der Geesteswetenschappen van de Universiteit van Amsterdam.
This publication has been made possible partly thanks to a financial contribution of the Faculty of Humanities of the University of Amsterdam.

Projectleider DNO | Project manager DNO
Liesbeth Kruyt

Eindredactie | Editorial Board Klaus Bertisch, Liesbeth Kruyt, Els van der Plas, Kati Röttger
Tekstredactie | Copy editing Janneke van der Meulen, Christopher Harris, Marcel van den Boogert
Beeldredactie | Image editing Irma Boom, Ruth Walz, Liesbeth Kruyt, Christopher Harris
Ontwerp | Design Irma Boom
Druk | Printing Wilco
Papier | Paper IBO One

Teksten | Texts

Pierre Audi Multiple Paths of Music Theatre |
Uiteenlopende wegen van muziektheater (16 juni 2014)
Disturbing Homecoming | Verontrustende confrontatie (12 mei 2015)
Transformations | Transformaties (6 oktober 2015)
Mythology, Ritual and Opera | Mythologie, rituelen en opera (1 november 2016)
Nederlandse vertaling | Dutch translation
Janneke van der Meulen

Heiner Goebbels Aesthetics of Absence |
Esthetiek van afwezigheid (25 februari 2015)
Nederlandse vertaling | Dutch translation
Frits van der Waa

Reinbert de Leeuw Dromen met Pierre | Dreaming with Pierre
Originele bijdrage | Original contribution, Amsterdam 2018
English translation | Engelse vertaling Peter Lockwood

Peter Sellars Problem = Solution | Probleem = Oplossing
(2 mei 2018) Nederlandse vertaling | Dutch translation
Frits van der Waa

Els van der Plas & Kati Röttger Voorwoord | Afterword
English translation | Engelse vertaling Peter Lockwood

© 2018 Pierre Audi, Irma Boom, Heiner Goebbels, Anish Kapoor, Reinbert de Leeuw, Peter Sellars & De Nationale Opera, Amsterdam/Amsterdam University Press B.V., Amsterdam 2018

Alle rechten voorbehouden. Niets uit deze uitgave mag worden verveelvoudigd, opgeslagen in een geautomatiseerd gegevensbestand, of openbaar gemaakt, in enige vorm of op enige wijze, hetzij elektronisch, mechanisch, door fotokopieën, opnamen of enige andere manier, zonder voorafgaande schriftelijke toestemming van de uitgevers.
Voor zover het maken van kopieën uit deze uitgave is toegestaan op grond van artikel 16B Auteurswet 1912 j° het Besluit van 20 juni 1974, Stb. 351, zoals gewijzigd bij het Besluit van 23 augustus 1985, Stb. 471 en artikel 17 Auteurswet 1912, dient men de daarvoor wettelijk verschuldigde vergoedingen te voldoen aan de Stichting Reprorecht (Postbus 3051, 2130 KB Hoofddorp). Voor het overnemen van gedeelte(n) uit deze uitgave in bloemlezingen, readers en andere compilatiewerken (artikel 16 Auteurswet 1912) dient men zich tot de uitgevers te wenden.
De uitgevers hebben ernaar gestreefd alle copyrights van in deze uitgave opgenomen illustraties te achterhalen. Al wie desondanks meent alsnog rechten te kunnen doen gelden, wordt verzocht contact op te nemen met Amsterdam University Press.

All rights reserved. Without limiting the rights under copyright reserved above, no part of this book may be reproduced, stored in or introduced into a retrieval system, or transmitted, in any form or by any means (electronic, mechanical, photocopying, recording or otherwise), without the written permission of both the copyright owner and the author of the book.
Every effort has been made to obtain permission to use all copyrighted illustrations reproduced in this book. Nonetheless, whosoever believes to have rights to this material is advised to contact Amsterdam University Press.

ISBN/EAN 978 94 6372 301 5
DOI 10.5117/9789463723015
NUR 664

www.operaballet.nl
www.aup.nl

For Product Safety Concerns and Information please contact our EU representative GPSR@taylorandfrancis.com
Taylor & Francis Verlag GmbH, Kaufingerstraße 24, 80331 München, Germany

www.ingramcontent.com/pod-product-compliance
Lightning Source LLC
Chambersburg PA
CBHW051538230426
43669CB00015B/2646